LA
UNCIÓN DE
ELISEO

R.T. KENDALL

CASA CREACIÓN
CREACIÓN
Para vivir la Palabra

Para vivir la Palabra

MANTÉNGANSE ALERTA;
PERMANEZCAN FIRMES EN LA FE;
SEAN VALIENTES Y FUERTES.
—1 Corintios 16:13 (NVI)

La unción de Eliseo por R.T. Kendall
Publicado por Casa Creación
Miami, Florida
www.casacreacion.com
©2023 Derechos reservados

ISBN: 978-1-955682-60-2
E-book ISBN: 978-1-955682-61-9

Desarrollo editorial: *Grupo Nivel Uno, Inc.*
Adaptación de diseño interior y portada: *Grupo Nivel Uno, Inc.*

Publicado originalmente en inglés bajo el título:
Double Annointing
Publicado por Charisma House
600 Rinehart Road, Lake Mary, Florida 32746
Copyright © 2022 by R. T. Kendall
Todos los derechos reservados.

Visite la página web del autor en www.rtkendallministries.com.

Impreso en Colombia

22 23 24 25 26 LBS 9 8 7 6 5 4 3 2 1

CONTENIDO

PRÓLOGO

Elías. Solo entre los profetas del Antiguo Testamento. Dios mostró, a través de él, su poder sobre la naturaleza. Vimos fuego caer del cielo en respuesta a su oración. Partió de esta tierra sin experimentar muerte física. Años más tarde, su aparición en el Monte de la Transfiguración con Moisés afirma su estatura indiscutible. Sin embargo, hubo otro hombre que pidió y recibió una doble porción de la unción de Elías, uno que realizó el doble de los milagros de Elías. Ese hombre fue Eliseo.

Un enigma, muy a menudo. Como Elías, apareció de la nada. Elías fue instruido por Dios para ungir a Eliseo como su sucesor, Elías encontró a Eliseo en la oscuridad, ocupado en su arado y su labor. Este no venía de una de las escuelas proféticas. No tenía compañeros ni herencia profética previos a su llamado. No dejó ningún discípulo importante. Después de años de servicio, Eliseo prevaleció en su relación con Elías debido a una petición ambiciosa: "Dame una doble porción de tu unción". ¿Quién se atreve a pedirle tal cosa a un profeta como Elías?

El ministerio de Eliseo se destaca por los milagros que reflejaban los prodigios de su mentor, pero también presagiaban los de Jesús. Veamos lo siguiente. Eliseo: la alimentación de los cien y la multiplicación de los panes (2 Reyes 4:42-44). Jesús: la multiplicación de los panes y los peces (Mateo 14:13-21). Eliseo: el milagro de la multiplicación del aceite

5

(2 Reyes 4:4-7). Jesús: la conversión del agua a vino, en Caná (Juan 2:1-11). Eliseo: la resurrección del hijo de la sunamita (2 Reyes 4:18-36). Jesús: la resurrección de Lázaro (Juan 11).

Desde sus encuentros con reyes hasta cosas como satisfacer las necesidades cotidianas de una viuda, vemos en Eliseo una dimensión humana y compasiva de la que parecía carecer su mentor. A diferencia de la vida de Elías, que no sufrió la enfermedad ni experimentó la muerte, Eliseo padeció una enfermedad muy humana y experimentó la muerte. Sin embargo, aun después de su deceso, se manifestó una unción adicional en sus huesos que resucitaría a los muertos.

Hay numerosos libros sobre Elías, incluido uno excelente de R. T. Kendall. Sin embargo, existen pocas obras dedicadas a Eliseo, por lo que este libro es muy necesario. La iluminación y el conocimiento que el Dr. Kendall aporta tanto al hombre como al ministerio de Eliseo son profundos. Esto es mucho más que una exégesis formal. Los principios y la aplicación que extrae del pozo de la vida de Eliseo son fundamentales para esta oportuna hora de la iglesia.

He estado fascinado con Eliseo mucho tiempo. También he admirado al Dr. Kendall por bastante tiempo. Es un gran honor poner las palabras de este prólogo junto a las suyas. Gracias, Dr. Kendall, por este privilegio, y gracias también por otro gran libro, esencial para el ministerio empoderado por el Espíritu en nuestra era.

—Jim Critcher
Director del Equipo de liderazgo de la congregación
Grace Covenant Church. Chantilly, Virginia

Prefacio

La primera vez que prediqué acerca de la vida de Eliseo fue en Kensington Temple (KT), en Londres. El pastor Colin Dye nos pidió amablemente que pasáramos seis meses al año en Londres, y fue durante una de esas temporadas de seis meses que decidí hablar sobre Eliseo. Había predicado sobre Elías en la Capilla de Westminster, siendo esta una de mis últimas series de sermones allí. Esos mensajes se convirtieron en un libro llamado: *La unción de Elías*. Habiendo decidido hacer mi próxima serie de enseñanzas en The Cove en el verano de 2020, lo más sensato era continuar esos estudios sobre Eliseo y exponerlos también en un libro. Cada uno de los capítulos de esta obra debe tratarse como un texto independiente que examina la historia bíblica de Eliseo cronometrada, lógicamente, como la encontramos en 2 Reyes.

Por otra parte, quiero agradecer a Steve y Joy Strang de Charisma House por publicar este libro. Mi agradecimiento especialmente a Debbie Marrie, mi editora, por ser tan cómodo y agradable trabajar con ella. Sobre todo, agradezco a mi esposa, Louise, mi mejor amiga y crítica, por su sabiduría y su aliento.

Agradezco al pastor Jim Critcher, parte del equipo principal de liderazgo de la congregación Grace Covenant Church, en Chantilly, Virginia, por escribir el prólogo. Jim ha sido un estudioso de 2 Reyes en general y especialmente de la vida de Eliseo, lo cual ha sido un estímulo para mí. Dedico este libro a nuestros queridos amigos, Colin y Amanda Dye, ahora jubilada después de un extraordinario ministerio de treinta años en Kensington Temple. Su legado se mantiene junto con los grandes hombres de Dios, incondicionales históricos en Elim, que hicieron de KT una iglesia de clase mundial.

—R. T. Kendall

Nashville, Tennessee, septiembre de 2021

INTRODUCCIÓN

Eliseo, sucesor de Elías, hizo la petición más intrépida, audaz y ambiciosa de las que se pueden ver en toda la Biblia. Pero, ¿qué fue eso tan importante que pidió? Irónicamente, se podría decir que casi nada: exigió una "doble porción" de la unción de Elías (2 Reyes 2:9). Eliseo ya había recibido el manto de Elías, ¡un regalo sin precedentes! Pero no se conformó con eso; quería más. En efecto, quería el *doble* de la unción de Elías.

Y, sin embargo, ¿puedes objetarlo? ¿Cómo crees que te habrías sentido si hubieras presenciado esa petición? ¿Te habrías incomodado con Eliseo por eso? ¿Te hubiera molestado algo que Eliseo pensara en eso? Por otro lado, "No tienes, porque no pides", dice el apóstol Santiago (4:2). Por audaz y sorprendente que haya sido esa petición, ¿qué pernicioso había en pedir? ¿Y qué, si se concediera tal solicitud?

Y se le concedió. Muchos de nosotros, si se nos ofreciera, nos alegraría recibir un regalo de tal magnitud. Sería difícil creer que se ofreciera algo así, ¡demasiado bueno para ser cierto! Así que no resientas de Eliseo por esa petición (si ese pensamiento cruza por tu mente), al contrario, admíralo por su atrevimiento. El primer misionero británico, William Carey (1761-1834), fue conocido por decir esto: "Si esperas grandes cosas de Dios, intenta grandes cosas con Dios".[1] Dios usa personas ambiciosas. A Martín Lutero (1483-1546) se le suele citar diciendo: "Dios usa el sexo para llevar al hombre al matrimonio, la ambición para llevar al hombre al servicio, el miedo para llevar al hombre a la fe".[2]

En cualquier caso, Dios le concedió su petición a Eliseo. La unción es el poder del Espíritu Santo que permite que el don de uno opere con facilidad. Es algo que viene fácil. Ahora, si sales del marco de tu unción, tienes que luchar. Pero si permaneces en ella, te sentirás bien.

Lo que Eliseo pidió fue una doble porción del "espíritu" de Elías. Considero que eso significa una doble medida, del Espíritu Santo, de la que se le dio a Elías; sin mencionar su don natural. Eliseo no pidió que lo hicieran un clon de Elías, ni tampoco tener el doble de talento o éxito del de su predecesor. Sin embargo, no sabemos —a ciencia cierta— lo que Eliseo estaba pidiendo. Según lo que afirma el apóstol Pablo en Romanos 12:3, cada hijo de Dios tiene una medida de fe. Esto significa un límite. Nadie tiene una fe perfecta, como la que Jesús tenía en Dios (Juan 3:34). Se nos da un límite. Elías tuvo un límite, una medida del Espíritu Santo. Se podría decir que tenía un nivel del Espíritu muy alto. Sí. Y Eliseo, el sucesor elegido de Elías, ¡pidió el doble de la medida que tenía Elías!

Si te molesta que alguien pida el doble de la unción de un Elías, eso también incomodó al propio Elías. Este no se alegró con tal petición. "Has pedido algo difícil", le dijo (2 Reyes 2:10). ¿Estaba Elías algo celoso de que Eliseo pudiera tener el doble de su éxito? Algunos piensan que Elías no tenía espíritu paternal, que le molestó la petición de Eliseo. Dicho eso, Elías accedió a la solicitud de Eliseo con la condición de que este presenciara personalmente el momento exacto y literal en que él fuera trasladado al cielo. Lo que sigue a continuación es lo que Elías le dijo a su sucesor:

> Has pedido algo difícil —le dijo Elías—, pero si logras verme cuando me separen de tu lado, te será concedido; de lo contrario, no.
>
> —2 Reyes 2:10

La Biblia dice que mientras iban caminando y hablando, un carro de fuego con sus caballos en llamas los separaron a los dos.

Y Elías subió al cielo en medio de un torbellino. Eliseo, viendo lo que pasaba, se puso a gritar: "¡Padre mío, padre mío, carro y fuerza conductora de Israel!" Pero no volvió a verlo [a Elías].

—2 Reyes 2:11-12

Qué glorioso final para la vida y el ministerio de Elías. Y qué comienzo tan prometedor para el de Eliseo. Parecería que la doble unción de este último se calculó en términos de cantidad, no de calidad. Por ejemplo, Elías tuvo alrededor de siete milagros, dependiendo de cómo lo juzgues a él y su situación. Eliseo tuvo tal vez catorce milagros, lo que confirma cómo experimentó una doble medida del Espíritu. Sin embargo, una vez que Eliseo murió, fue olvidado en gran medida. Eliseo falleció de muerte natural (2 Reyes 13:20). La gente todavía hablaba de Elías. Malaquías profetizó que Elías, que no tuvo una muerte natural, aparecería más tarde (Malaquías 4:5-6). Esto se cumplió en el ministerio de Juan el Bautista (Lucas 1:13-20). Fue Elías quien apareció con Moisés en el Monte de la Transfiguración (Mateo 17:3).

Dicho eso, algunos de los prodigios de Eliseo fueron muy diferentes de los de Elías. En efecto, algunos fueron impresionantemente asombrosos. ¡Qué maravilloso sería si Dios levantara un Eliseo en nuestros días! Santiago habla del parecido de Elías a nosotros en cuanto a su naturaleza humana (Santiago 5:17). Lo mismo podría decirse de Eliseo. No había nada sobrenatural en él. Era una persona muy común. Sin embargo, estamos a punto de descubrir, a través de la vida del profeta Eliseo, cómo Dios puede tomar lo ordinario y hacer algo extraordinario.

CAPÍTULO 1

EL LLAMADO DE ELISEO

Elías salió de allí y encontró a Eliseo hijo de Safat, que estaba arando. Había doce yuntas de bueyes en fila, y él mismo conducía la última. Elías pasó junto a Eliseo y arrojó su manto sobre él. Entonces Eliseo dejó sus bueyes y corrió tras Elías.

—Permítame usted despedirme de mi padre y de mi madre con un beso —dijo él—, y luego lo seguiré.

—Anda, ve —respondió Elías—. Yo no te lo voy a impedir.

Eliseo lo dejó y regresó. Tomó su yunta de bueyes y los sacrificó. Quemando la madera de la yunta, asó la carne y se la dio al pueblo, y ellos comieron. Luego partió para seguir a Elías y se puso a su servicio.

—1 Reyes 19:19-21

Solo hay una vida, que pronto pasará; solo lo hecho por Cristo permanecerá.

—C. T. Studd (1860-1931)

Una de las incógnitas del Antiguo Testamento, así como también de la historia de la iglesia, es entender por qué algunos grandes líderes tuvieron sucesores y otros no. Por ejemplo, Dios eligió al sucesor de Moisés, pero no al de Josué. Después que Josué murió, "cada uno hacía lo que le parecía mejor" (Jueces 21:25). Parece razonable suponer que un sucesor de Josué podría haber llevado a Israel a evitar esa era indescriptiblemente mala.

Asimismo, Dios levantó a Elías. Llegó de la nada. Dios eligió al sucesor de Elías, Eliseo, pero no hubo sucesor para este. Eliseo fue idea de Dios. Por razones que uno no puede entender, Dios estaba pensando en el futuro inmediato de Israel cuando le dijo a Elías que le diera su manto a Eliseo. Pero ¿por qué no un sucesor de Eliseo?

La mayoría de los líderes inusuales no son sucedidos por grandes hombres. No hubo sucesor de Pablo. Ni de Agustín. Ni de Lutero. Ni de Jonathan Edwards.

Por lo tanto, podemos preguntarnos: ¿Por qué Dios, en primer lugar, le otorgó un sucesor a Moisés? ¿O a Elías? No tenemos idea de cómo Dios llamó a Elías, pero sabemos cómo lo hizo con Eliseo. Esa fue una idea de Dios desde el principio.

Cuando usamos la palabra *llamado* o *vocación* para referirnos al ministerio, especialidad o carrera de uno, es bueno recordar que alguien inició tal instancia. Moisés no se llamó a sí mismo. Eliseo no se llamó a sí mismo. Jeremías no se designó a sí mismo, pero dice que Dios lo "designó" para que fuera "profeta de las naciones" (Jeremías 1:5).

De igual manera, cuando Pablo se refiere a los "llamados", en Romanos 1:6 y 8:30, Dios es la "causa" inicial. Aunque Pablo se dio cuenta de que había sido llamado en el camino a Damasco (Hechos 22:6-16), dijo que en realidad fue llamado antes de nacer (Gálatas 1:15).

Así mismo ha pasado con todos nosotros. No podemos responder a un llamado hasta que lo hayamos sido conscientemente. Si dedicamos unos momentos a contemplar este tipo de pensamiento, es casi seguro que llegaremos a la misma conclusión a la que llegó Charles Spurgeon (1834-1892). Él vio que Dios estaba "en el fondo de todo". No podemos arrogarnos ningún crédito por eso. Es porque Dios nos amó primero (1 Juan 4:19) que Jesús nos escogió (Juan 15:16). Eliseo no podía atribuirse el mérito de haber sido llamado para ser sucesor de Elías. Él no hizo nada para merecerlo. Estaba en el campo con los bueyes. Dios lo encontró. ¿Cuáles eran las calificaciones de Eliseo? ¡Dime tú! ¿Cuáles son tus calificaciones? ¿Cuáles son las mías? Dios ve en todos nosotros lo que la gente no ve. La gente mira la apariencia exterior, pero Dios mira el corazón (1 Samuel 16:7). ¡Spurgeon fue rechazado por la universidad Regent's Park! ¡G. Campbell Morgan (1863-1945) fue rechazado por la iglesia metodista porque no tenía las cualidades de un predicador!

Eliseo no tardó mucho en desarrollar las ansias de querer duplicar la unción de Elías. No había estado en la batalla mucho tiempo. ¿Quizás fue esa ambición lo que Dios vio en Eliseo?

Lo que es fascinante es que Eliseo mostró una avidez tenaz por obtener la unción de Elías antes de que se le diera la opción. Sabiendo de alguna manera que Elías sería llevado en cualquier momento, Eliseo permaneció frente a la cara de Elías sesenta segundos por minuto durante todo el día. Era como si ya le hubieran dicho que literalmente debía ver la ascensión al cielo de Elías. Por ejemplo, Elías comenzó a decirle a Eliseo: "Por favor, quédate aquí", fingiendo ir a Betel, Jericó o el Jordán. Pero Eliseo respondió de inmediato: "Vive el Señor y vives tú, que no te dejaré" (2 Reyes 2:2-6).

Cuando Dios llama a una persona al ministerio, ya sea que la haya dotado previamente, en cualquier caso, se asegura de que tenga el talento apropiado para hacer lo que él piensa hacer con ella. Spurgeon dijo que, si Dios llama a un hombre a predicar, le dará un par de pulmones. Era más que un corazón dispuesto lo que George Beverly Shea (1909-2013) necesitaba para ser el cantante evangelístico de Billy Graham (1918-2018). Tenía una voz que solo se encuentra una vez en una generación.

Sin embargo, ¿qué había en Eliseo? Solo Dios lo sabía. Además, sabía que Eliseo estaría al lado de Elías sin detenerse, todo el día, para no perder el desafío de su vida.

¿Te gustaría tener una doble unción? ¿Y si dependiera de lo mucho que intentes conseguirlo? Con franqueza, si yo pensara que eso depende de mí y de mi seriedad, ¡imitaría a Eliseo! Sí, haría lo que él hizo. Oraría más, leería más la Biblia, estudiaría más, conocería más, buscaría que las personas que tuvieran un poco de poder me impusieran sus manos o haría lo que yo pensara que se requeriría. Porque me identifico con Eliseo.

Solo tenemos una vida que podemos vivir para Cristo. Solo lo que se hace por él perdurará, dijo C. T. Studd. Preferiría enfrentar al Señor en el tribunal de Cristo sabiendo que hice todo lo que podía pensar que esperar a que la soberanía de Dios (en la que creo con todo mi corazón) haga que las cosas sucedan.

Que yo sepa, no tengo un don profético. Desearía tenerlo. Soy un maestro de la Biblia. Eso es todo. Pero debido a que Pablo dijo que debemos aspirar fervientemente los mejores dones, te diré que oro cada día (y lo he hecho por un buen tiempo) por los dones de sabiduría, profecía, discernimiento de espíritus, milagros y sanidad. Además de eso, siempre pido, todos los días, que sea transparentemente sincero, que obtenga el doble de la unción que tengo ahora. No entiendo la Biblia tan bien como quisiera. Es mi anhelo que Dios me conceda esto, aunque sea en parte; lo he deseado toda mi vida, solo él lo sabe. Y puesto que, tanto los dones como el llamamiento, son sin arrepentimiento (lo que significa que ninguna cantidad de piedad o celo puede generar estos dones [Romanos 11:29]), todo lo que puedo hacer es pedir.

¿Te gustaría una doble unción? ¿Cómo sería eso en tu vida? ¿Y si fuera el doble de lo que tienes ahora? ¿Y si fuera el doble de lo que tiene otra persona? Eliseo quería el doble de lo que tenía Elías. Después de todo, nunca hubo un profeta como Elías.

La palabra *unción*, como vemos en 1 Juan 2:20-27, viene del vocablo griego *chrio*, que quiere decir: untar algo como un ungüento;[1] obtenemos el nombre *Cristo* de la raíz de esa palabra. Cristo significa Ungido, Mesías.

Como dije, Jesús tenía el Espíritu sin medida ni límite (Juan 3:34). Tú y yo tenemos una medida del Espíritu, una medida de fe (Romanos 12:3). Jesús tenía la plenitud absoluta del Espíritu Santo. Tú y yo solo tenemos un poquito del Espíritu Santo. Aun cuando estemos "llenos" del Espíritu, lo estamos con un poco —cierta medida— del Espíritu Santo. Jesús estaba lleno del Espíritu y tenía todo lo que tiene el Espíritu Santo.

¿Cómo descubres tu unción? La unción también puede ser un don. Empiezas en el plano natural: ¿En qué eres bueno? ¿Qué te es fácil? Lo más probable es que tu unción por el Espíritu sea una extensión de lo que eres por la gracia común (la gracia especial de Dios en la naturaleza). Lo más difícil y más humillante que puedes hacer es descubrir los límites de tu unción.

Nadie puede hacerlo todo. Sé franco: ¿Qué es lo que simplemente no puedes hacer y en qué eres bueno? Por ejemplo, ¿eres un genio de la informática, brillante en física, bueno para hablar en público, experto en enfermería? Dios nunca nos promueve al nivel de nuestra incompetencia. Laurence J. Peter (1919-1990) escribió *El principio de Peter*, con la idea de que todos sean promovidos al nivel de su incompetencia. Esto suele ser cierto, pero Dios nunca nos asciende a ese nivel.

Hay tres citas, que conozco, que se refieren a lo que llamaría una doble unción:

> En vez de su vergüenza, mi pueblo recibirá doble porción; en vez de deshonra, se regocijará en su herencia; y así en su tierra recibirá doble herencia, y su alegría será eterna.
>
> —Isaías 61:7

> Vuelvan a su fortaleza, cautivos de la esperanza, pues hoy mismo les hago saber que les devolveré el doble.
>
> —Zacarías 9:12

Te ruego que una doble porción de tu espíritu sea
sobre mí.

—2 Reyes 2:9 RVR1960

Y, sin embargo, ¡no estoy seguro de lo que significa la
doble unción! Es difícil imaginar un milagro mayor al del
fuego que descendió en el Monte Carmelo. Eliseo no vio
nada de eso.

Llevo muchos años pidiendo una doble unción, es decir, el
doble de la que tengo ahora. He supuesto que eso se refiere
a calidad, es decir, a captar el significado de ciertos versículos bíblicos que no entiendo. Podría escribir un libro titulado
Versículos de la Biblia que no entiendo.

Me encantaría tener el don de la curación. He visto algunas personas sanadas en mi ministerio, pero no muchas. Me
gustaría tener una "palabra" para las personas, llámala profética o palabra de conocimiento. Mi don, me parece, es
enseñar Biblia. *Una unción doble en mi caso, creo, signifi-
caría que entendería la Biblia el doble de fácil, el doble de
rápido, que tendría el doble de capacidad para ver el significado oculto de la Escritura.*

¿Qué crees que significa una doble unción en tu caso? Sé
sincero contigo mismo; acepta tu don natural, lo que ya te
resulta fácil. Por ejemplo, ¿entiendes bien la electrónica, la
medicina, el derecho, la política o la poesía?

Tu don puede ser insignificante (en lo que a ti concier-
ne), pero considera el don de José en cuanto a tener sueños
e interpretarlos. Hay algo que puedes hacer que nadie más
pueda hacer tan bien.

Cosas que ojo no vio, ni oído oyó, ni han subido en
corazón de hombre, son las que Dios ha preparado
para los que le aman.

—1 Corintios 2:9 RVR1960 (ver también Isaías 64:4)

Estos versículos brindan un vago estímulo para desear tener más de Dios de lo que uno tiene en el momento. Pablo nos instó a explorar posibilidades ilimitadas cuando dijo que deseáramos fervientemente los dones "superiores" (1 Corintios 12:31).

¿Por qué no una doble unción? Lo más probable es que a la mayoría de nosotros nos guste el doble de lo que tenemos ahora. Pero, por dicha, con esta condición ¡glorificaríamos a Dios el doble! Esto no sería para realzar nuestro ego. Sería únicamente para la honra y la gloria de Dios. En caso contrario, *¡fuera esa ambición tan tonta!*

Eliseo era un hombre adelantado. Eso significa que no nos sorprende verlo emerger más adelante. A diferencia de Elías, que apareció de la nada sin antecedentes ni credenciales que sepamos, Elías encuentra a Eliseo.

Podemos suponer que Eliseo sería el sucesor de Elías. Como ya dije, a veces Dios le da un sucesor a una gran persona: Josué fue el sucesor de Moisés. Salomón fue un digno sucesor del rey David.

Eliseo era un hombre promedio. Era común, ordinario. Tal como Elías, que era como nosotros —con una naturaleza como la nuestra (ver Santiago 5:17)—, así también Eliseo. Es muy alentador saber que los Elías y Eliseo de este mundo son elegidos de un tronco común y corriente.

No así Moisés, de la tribu de Leví; que fue especial desde su nacimiento (Éxodo 2:2): un niño hermoso, delicado. Así también Saulo de Tarso, que fue preparado para la grandeza. Tenía un coeficiente intelectual muy alto y la mejor educación, sentado a los pies de Gamaliel el erudito judío (Hechos 22:3).

Nuestro hombre Eliseo era un individuo promedio, ordinario, típico. Por eso le pidió permiso a Elías para despedirse de sus padres. Nada espectacular acerca de Eliseo. ¿Te anima eso? A mí sí.

A la mayoría de los creyentes se los escoge entre el "promedio":

> Hermanos, consideren su propio llamamiento: No muchos de ustedes son sabios, según criterios meramente humanos; ni son muchos los poderosos ni muchos los de noble cuna. Pero Dios escogió lo insensato del mundo para avergonzar a los sabios, y escogió lo débil del mundo para avergonzar a los poderosos. También escogió Dios lo más bajo y despreciado, y lo que no es nada, para anular lo que es, a fin de que en su presencia nadie pueda jactarse.
>
> —1 Corintios 1:26-29

Dios determinó que la fe cristiana le traería gloria porque nunca se podría decir que los más inteligentes eligieron a Jesús. Es probable que algunos deseen que fuera así. Pero los Einstein de este mundo se pierden la mayor gloria imaginable. ¿Por qué unos se salvan y otros no? No hay rima ni razón salvo esta: por la obra soberana del Espíritu (Juan 6:44).

Lady Selina Hastings, Condesa de Huntingdon (1707-1791), benefactora de George Whitefield (1714-1770), se alegró de haber sido salvada entre el grupo que señaló el apóstol Pablo, cuando se refirió a que "ni muchos los de noble cuna". Frase que hace saber que no todos los nobles de cuna se pierden. ¡Pablo no dijo que *ninguno* de esos se salvarían!

La fe cristiana está diseñada para que Dios reciba toda la gloria. No se ofrece a los ricos ni a los famosos, ni a los que tienen talento ni a los que harán que la iglesia se vea bien. Se ofrece a la gente común, como tú y como yo.

Las excepciones en la historia han sido varias. A veces, Dios salva a un San Agustín (354-430 d. C.), a un Tomás de Aquino (1225-1274), a un San Anselmo (1033-1109), a un Martín Lutero, a un Juan Calvino (1509-1564) o a un Jonathan Edwards (1703-1758). Cuando personas como esas se convierten, el mundo queda profundamente influenciado. ¿Por qué no más? ¡Dímelo tú! Probablemente para que nadie pueda decir que el cristianismo es para los más inteligentes.

En cualquier caso, tanto Elías como Eliseo eran personas comunes. Eliseo era, como vimos, un hombre ansioso. Resultó ser extremadamente ávido. No sé con certeza de dónde provenía eso, a menos que Dios estuviera detrás del asunto. La ambición está conectada con la motivación, el impulso y el deseo de triunfar. Nos guste o no, son las personas ambiciosas las que hacen las cosas.

Moisés era ambicioso. ¿Por qué iba a dejar el palacio de Faraón por causa del "oprobio de Cristo"? La respuesta es simple: porque tenía la mirada puesta en su "recompensa" (Hebreos 11:24-26). ¡No era un tonto! Caleb era un hombre ambicioso; a los ochenta y cinco años aspiraba a más de lo que tenía ("Dame, pues, ahora este monte" [Josué 14:12 RVR1960]).

Yo era un ambicioso vendedor de aspiradoras cuando estaba recién casado. Salía temprano de la oficina y comenzaba a tocar puertas para regresar antes del mediodía con una venta mientras los otros vendedores todavía estaban tomando café. La ambición es una sensación proveniente de la gracia común, lo que Dios da a su creación en general (lo que difiere mucho de la gracia salvadora).

Gracias a Dios por tu aspiración. Canaliza esa ambición para alcanzar la plena honra y gloria de Dios. Pablo, en su vejez, tenía la ambición de conocer a Cristo (Filipenses 3:8-9). Todos deberíamos tenerla. Por tanto, pídele a Dios que te dé una doble unción para querer un mayor conocimiento de Cristo.

Eliseo era un hombre ambicioso. No se conformaba, quería más. Era un hombre que preguntaba, que buscaba, que pedía. Así que pidió. Y Dios contestó la oración de Eliseo. Santiago dijo que no tenemos porque no pedimos (Santiago 4:2).

Pídeme, y como herencia te entregaré las naciones; ¡tuyos serán los confines de la tierra!

—Salmos 2:8

Pidan, y se les dará; busquen, y encontrarán; llamen, y se les abrirá. Porque todo el que pide, recibe; el que busca, encuentra; y al que llama, se le abre.

—Mateo 7:7-8

Busqué al Señor, y él me respondió; me libró de todos mis temores.

—Salmos 34:4

¿Qué le has pedido al Señor?

En referencia a la ambición, no olvides que puedes ganarte al mundo entero y perder tu alma (Marcos 8:36). ¡Así que no seas tonto! *Ambiciona por tu propia alma.*

Solo hay una vida, que pronto pasará; solo lo hecho por Cristo permanecerá.

CAPÍTULO 2

CUANDO DIOS APARECE

Eliseo, viendo lo que pasaba, se puso a gritar: "¡Padre mío, padre mío, carro y fuerza conductora de Israel!". Pero no volvió a verlo. Entonces agarró su ropa y la rasgó en dos. Luego recogió el manto que se le había caído a Elías y, regresando a la orilla del Jordán, golpeó el agua con el manto y exclamó: "¿Dónde está el ¿SEÑOR, el Dios de Elías?". En cuanto golpeó el agua, el río se partió en dos, y Eliseo cruzó.

—2 Reyes 2:12-14

Ustedes lo aman a pesar de no haberlo visto; y, aunque no lo ven ahora, creen en él y se alegran con un gozo indescriptible y glorioso, pues están obteniendo la meta de su fe, que es su salvación.

—1 Pedro 1:8-9

La fe es resistirse a entrar en pánico.

—Dr. Martyn Lloyd-Jones (1899-1981)

He sostenido una teoría acerca de 1 Pedro 1:9 por más de sesenta años: que contiene un doble significado. Pedro habla del "fin de vuestra fe, la salvación de vuestras almas" (RVR1960). La palabra griega para fin proviene del vocablo *telos*, que significa "fin", "meta" o "resultado".[1] Pero mi teoría es que *telos* puede significar literalmente *el fin*. ¿Podría

23

Pedro estar alentándonos a confiar en Dios, a creer, a aferrarnos hasta que nuestra fe se convierta en vista? Por ejemplo, cuando "todo ojo le verá" —Jesús— en la segunda venida (Apocalipsis 1:7), nadie necesitará fe. La segunda venida será el fin de la fe, seguro. Por lo tanto, planteo mi teoría de que Pedro está alentándonos no solo a perseverar hasta que lleguemos al cielo, sino incluso ahora a esperar que Dios aparezca de manera poderosa, inequívoca, milagrosa y sin ninguna duda. Como aclararé, esta no sería una experiencia permanente; es una alegría temporal cuando la necesidad de fe parece redundante. Pero la necesidad de fe ciertamente volverá, te lo aseguro.

Mi teoría nació el 31 de octubre de 1955, cuando conducía mi automóvil por la antigua Ruta 41 de EE. UU., en mi trayecto de Palmer a Nashville, Tennessee. Fue entonces cuando Dios apareció con tal gloria, poder y realidad que la persona de Jesús fue más real para mí que el campo de Tennessee que me rodeaba. En los siguientes días, 1 Pedro 1:9 me atrajo por alguna razón. No le he contado mi teoría sobre 1 Pedro 1:9 a nadie, deseando que mi viejo amigo, el Dr. Michael Eaton, todavía estuviera vivo, es probable que él sea la única persona que entendería esto y ¡no me rechazaría como hereje!

Sea como fuere, solo sé que Eliseo necesitaba ver a Dios personalmente por sí mismo, momentos después de que Elías fuera llevado al cielo. Así que preguntó: "¿Dónde está el Señor, el Dios de Elías?" (2 Reyes 2:14).

¿Alguna vez has necesitado que Dios se te manifieste? ¿Alguna vez has tenido el deseo, la necesidad profunda, de ver por ti mismo y constatar si el Dios de la Biblia es real?

Eso es lo que Eliseo estaba sintiendo.

Si pudiera volver a mi experiencia del 31 de octubre de 1955, cuando fui bautizado con el Espíritu Santo, diría que esa mañana tuve exactamente la misma necesidad de Eliseo. Yo había estado en agonía de espíritu. Estaba clamando: "Señor, ¿dónde estás? ¿Qué está pasando? ¿Acaso no soy salvo?

Un segundo después vi con mi ojo espiritual, a la persona de Jesucristo intercediendo por mí a la diestra de Dios. Así que rompí en llanto y, desde ese momento, me convertí en espectador. Desde entonces empecé a observarlo todo.

Sospecho que Eliseo se sentía solo después de que Elías fue transportado a la gloria. Necesitaba saber si vería la gloria del Señor por sí mismo. Por eso fue que preguntó: "¿Dónde está el Señor, el Dios de Elías?".

Si Eliseo estaba un poco nervioso, no lo sé. Si empezó a dudar, tampoco lo sé. Sé con certeza que Eliseo necesitaba saber ahora que Dios no lo había abandonado. Nada diferente a cuando le dijo a Moisés: "Y tú, levanta tu vara, extiende tu brazo sobre el mar y divide las aguas, para que los israelitas lo crucen sobre terreno seco" (Éxodo 14:16). *Y el mar se dividió.*

A todo cristiano le llega ese momento en que desea saber, con mucho fervor, si Dios es real o no. ¡Necesitamos verlo actuar! No es que ninguno de nosotros supere la necesidad de la fe. No, no estoy diciendo eso. Pero, sin embargo, necesitamos experimentar ese momento, por breve que sea, en que Dios nos testifique con tanta profundidad, alegría y éxtasis que nos quedemos sin palabras.

Eso era lo que Eliseo necesitaba. Y eso fue lo que consiguió. La doble porción del espíritu de Elías fue una realidad confirmada. Eliseo no necesitó el doble del nivel de poder de Elías para ver la parte del río Jordán. Pero ahora estaba seguro de que el manto de Elías había caído sobre él. No solo la capa física, sino lo que ella simbolizaba, es decir, el poder.

La partición del Jordán fue el primer prodigio del poder de Eliseo. El profeta caminó por lo profundo del río hasta el otro lado.

¿Te gustaría una doble unción del Espíritu Santo? ¿Qué se necesita para conseguirla? ¿Está al alcance de la gente común como tú y como yo? Cuando Eliseo le pidió a Elías una doble porción de su espíritu, sabemos la condición que le puso Elías: Que *estuviera viéndolo en el momento en que este fuera llevado al cielo* (2 Reyes 2:10). El asunto era en blanco y negro; si Eliseo volteaba a cualquier lado y en ese momento Elías era levantado, iba a ser algo muy malo para Eliseo, ya que no habría una segunda oportunidad.

Una compañía de unos cincuenta profetas había comenzado a decirle a Eliseo que el Señor se llevaría a Elías ese día. ¿Quiénes eran esos profetas? ¿De dónde provenían? Es difícil responder a esa pregunta. Lo que sí es cierto es que ello prueba que Elías no era el único profeta en aquel tiempo.

Sin embargo ¿por qué Dios no eligió a uno de esos profetas para suceder a Elías? Algunas veces Dios busca a sus siervos entre un grupo ya formado y preparado; otras, elige a alguien que no parece estar calificado, como Elías al encontrar a Eliseo. Mi predecesor, el Dr. Martyn Lloyd-Jones —por ejemplo—, no tenía formación teológica. Pero fue el mejor maestro que he tenido.

Lo que Elías le requirió exactamente a Eliseo para obtener esa doble porción, este —de alguna manera— ya lo sabía; por eso no dejó de estar atento a Elías ni un instante de ese día. Eliseo usó un "lenguaje juramentado" con Elías. Juró por el Dios viviente que no se apartaría de su lado (2 Reyes 2:2, 4, 6). Este es el lenguaje que usó Elías cuando confrontó a Acab por primera vez (1 Reyes 17:1), pero entonces se refería a una profecía. Aquí no se trata de una profecía sino de una promesa —con juramento— de que bajo ninguna circunstancia Eliseo dejaría a Elías.

¿Alguna vez has hecho un voto? De acuerdo al Antiguo Testamento, es mejor no hacer voto que hacerlo y no cumplirlo (Eclesiastés 5:4-5).

Uno podría pensar que Dios elegiría a uno de esos profetas que participaban en esas conversaciones. Dios no está atado por la tradición ni por nuestras expectativas naturales. Casi siempre decide trabajar donde nadie hubiera pensado o elige personas de las que no habríamos ni siquiera sospechado. No debería sorprendernos que alguno de esos profetas esperara secretamente obtener el manto de Elías.

Un torbellino es un tornado, cuando un viento violento se precipita y se lleva las cosas a otra parte. Y eso fue lo que se llevó a Elías: un torbellino.

Los profetas pensaron (erróneamente) que Elías fue tomado y llevado no muy lejos, pero Eliseo (correctamente) les dijo que no se molestaran en buscarlo.

¿A dónde fue él? Al cielo: Moisés y Elías aparecieron con Jesús en la Transfiguración cientos de años después (Mateo 17:1-8). Ninguno de esos profetas acertó en lo pertinente al lugar al que fue llevado Elías. Ese es un recordatorio de que tener un don profético no te da acceso ilimitado a Dios. El problema es que algunas personas con un don profético pueden imaginarse que son los Elías o Eliseo de este mundo. Esta es posiblemente la razón por la que no quieren admitir que se equivocan cuando vaticinan elecciones presidenciales. Aparentemente quieren que la gente los respete y los admire. Esa puede ser precisamente la razón por la cual a esas personas *no* se les otorga ese "conocimiento interno". Quizás es por eso por lo que Dios eligió a Eliseo y no a uno de aquellos cincuenta profetas.

¿Qué estaba pensando Eliseo cuando pidió una doble porción del espíritu de Elías? ¿Acaso sería en duplicar el poder o la calidad de los milagros? ¿O en efectuar el doble de milagros (que parece ser la forma en que se contestó la oración)? ¿Pensaba en honrar a Dios o en su propia honra? ¿Y su ego? ¿Y su reputación?

Un amigo mío dijo: "¡Qué clase de fe tuvo Eliseo para pedir eso!". A lo que respondo: ¿Fue una gran fe o prepotencia?

Sabemos que el propio Elías tenía un ego enorme. La audaz petición de Eliseo sugiere que ya tenía un ego parecido al de Elías. Muchos de nosotros tenemos una visión poco real de muchos de los siervos de Dios.

TODOS TIENEN GRANDES EGOS

En alguna ocasión pensaba que los verdaderos hombres de Dios eran tan humildes, tan mansos y tan parecidos a Jesús que rayaban en lo angelical. Una vez consideré al evangelista Glyn Grosse (nombre ficticio por razones obvias) como el hombre más piadoso que jamás haya visto. Era conocido ampliamente como un individuo de oración. Manejé desde Palmer hasta Chattanooga, Tennessee, para que orara por mí y me impusiera sus manos. Nunca olvidaré ese día mientras viva. Mientras oraba, me sentí tan honrado y seguro de que —en alguna manera— emergería con más poder, hasta que después de orar —inmediatamente— terminó con estas palabras: "No le digas a nadie mi edad".

Quedé aturdido. Luego me dije a mí mismo: "En lo único que pensó el hermano Grosse, mientras oraba por mí, fue en que me había revelado su edad". Fue todo lo que pude pensar desde ese momento. Tal vez fue la primera prueba evidente de que los mejores hombres de Dios son eso —hombres— en el mejor de los casos. De hecho, todos somos siervos de Dios frágiles, endebles y carnales. He vivido lo suficiente como para decir que todas las personas a las que he admirado tarde o temprano me decepcionan. No es culpa de ellos; es que yo necesitaba aprender la lección sobre la depravación y la debilidad humanas. Por eso Santiago dice lo que afirma acerca de Elías (Santiago 5:17). ¡No quisiera que supieras lo que yo sé de mí mismo! Estoy seguro de que eso también sería cierto acerca de Elías o del apóstol Pablo. John Stott, uno de los hombres más santos que he conocido, me dijo cuando lo vi por última vez: *"Si realmente me conocieras, me escupirías en la cara"*.

Hubo consenso entre los cincuenta profetas en cuanto a que Elías sería arrebatado ese día. ¿Cómo lo supieron? La unidad profética es algo bueno. He llegado a conocer a bastantes personas proféticas. Lo siento, pero tengo que decirlo, hay cierta rivalidad entre la mayoría de ellos. Esos cincuenta profetas, por alguna razón, querían que Eliseo supiera que ellos suponían que Elías sería llevado ese día. Eliseo respondió que él también lo sabía pero que no quería hablar de eso (2 Reyes 2:3, 5). ¿Por qué no quería hablar del asunto? ¿Estaba demasiado sentimental? Quizás la idea de perder a Elías era demasiado dolorosa para él. Se podría decir que los cincuenta profetas tenían una unción colectiva. Ellos acordaron que Elías sería llevado. En eso no hubo rivalidad ni opinión disidente. Había unidad de opinión y propósito. Los discípulos estaban de acuerdo el día de Pentecostés: "todos juntos en un mismo lugar" (Hechos 2:1). Los discípulos estaban de acuerdo con enfrentar la persecución y orar juntos (Hechos 4:24). Alzaron juntos la voz; oraron en voz alta. Lucas expresa la unidad teológica y de propósito en su oración. Sí, cada uno oró en voz alta. Lucas transmitió el impulso, la teología y el tema de su oración.

Como dije, Eliseo supuso todo el día que esa condición (mantén tus ojos fijos en Elías) era, de alguna manera, relevante. Decidió no quitar la vista de Elías incluso antes de que esa condición se hiciera explícita. Esto me recuerda las oraciones del salmista:

> Como dirigen los esclavos la mirada hacia la mano de su amo, como dirige la esclava la mirada hacia la mano de su ama, así dirigimos la mirada al SEÑOR nuestro Dios, hasta que nos muestre compasión.
>
> —Salmos 123:2

> Espero al SEÑOR, lo espero con toda el alma; en su palabra he puesto mi esperanza. Espero al Señor con toda el alma, más que los centinelas la mañana. Como esperan los centinelas la mañana.
>
> —Salmos 130:5-6

A veces Dios permanece en silencio y lo sentimos distante de nosotros. Jesús, en el camino a Emaús, parecía seguir adelante cuando los dos hombres le rogaron que se quedara (Lucas 24:28). Eso es lo que Jesús quería de ellos. Cuando Jesús estaba caminando sobre el agua, pareció pasar junto a los discípulos (Marcos 6:48), pero lo que quería era que ellos se acercaran a él.

Eliseo cumplió la condición que Elías estipuló: Eliseo estaba mirando a Elías cuando surgió el torbellino. Eliseo rasgó sus vestidos (2 Reyes 2:12). ¿Por qué? Rasgar la ropa era un gesto dramático para expresar la emoción del dolor (Génesis 37:34; Jueces 11:34-35; 2 Samuel 13:30-31; Job 2:12; Marcos 14:63). ¿Estaba de duelo porque Elías fue arrebatado? Al contrario, ¡debe haberse regocijado al ver partir a Elías!

No sé por qué Eliseo se rasgó la ropa. Sin duda, fue un momento emotivo. Sin Elías, ahora estaba por primera vez solo. Sabía que vio a Elías irse al cielo. Sabía que tenía el manto o la capa de Elías.

Como dijo una vez el Dr. Lloyd-Jones: "La fe es negarse a entrar en pánico".[2]

Eliseo pregunta: "¿Dónde está ahora el Señor, el Dios de Elías?". Agarra el manto de Elías, el punto de entrada a lo sobrenatural, y lo sumerge en las aguas del río Jordán. Ante sus propios ojos, el agua se divide en dos: de derecha e izquierda.

Sucedió: la unción de Elías ahora, obviamente, continuaba sobre Eliseo. Es posible que haya pensado: "No puedo creer que esté haciendo esto". Pero él siempre lo sabría; no fue Eliseo el que hacía eso; no podía atribuirse el mérito de la unción. Lo que Eliseo experimentaría en los próximos años desafiaba una explicación lógica.

Una vez le pregunté al difunto Carl F. H. Henry (1913-2003): "Si tuvieras que volver a vivir, ¿qué harías diferente?". Sus ojos se humedecieron. Luego respondió: "Trataría de recordar que solo Dios puede convertir el agua en vino".

Cuando ves la unción en tu propia vida, en el trabajo, en tu interacción con la gente, sabes que no eres tú. Nunca, nunca podrás darte crédito por ningún nivel de unción. Todo depende del *Dios* de Elías.

Quizás conozcas la siguiente melodía. Es una canción espiritual afroamericana y uno de los himnos cristianos más conocidos, popularizados en inglés:

Baja... baja... hermoso carro de fuego.
Ven... llévame a casa
Desde arriba puedo ver el Jordán, y qué veo...
Una hueste de ángeles que vienen detrás de mí...
Si llegas antes que yo... diles a todos mis amigos que
yo también iré.

Hay dos fuentes para este viejo canto espiritual. Primero, el relato de Elías cuando fue llevado en un carro de fuego al cielo. El carro era un vehículo de dos ruedas tirado por caballos, utilizado en la antigüedad en las guerras. Pero, ¿qué tiene que ver el fuego? Probablemente se trate del mismo tipo de fuego que vio Moisés en la zarza ardiente y en el Sinaí. Posiblemente fue el mismo tipo de fuego que cayó sobre el Monte Carmelo. Sin embargo, lo importante aquí es la gran bienvenida a casa que tuvo el profeta. ¡Qué clase de honra y de afirmación para Elías! Este fue el mismo Elías que afirmó falsamente: "Solo quedo yo" (1 Reyes 18:22 RVR1960). El mismo Elías que huyó de Jezabel, un hombre débil sin unción. Ahora se le dio una bienvenida mayor que cualquier líder mundial. Mucho mejor que ganar una medalla de oro en unos Juegos Olímpicos.

En segundo lugar, la escolta angelical que tuvo Lázaro en la parábola con el rico: uno fue al cielo —a saber— el pobre, Lázaro. Los esclavos negros en el Sur Profundo de Alabama se habrían identificado con Lázaro. El hombre rico (no sabemos su nombre) fue al infierno. Jesús dijo: "Alégrense de que sus nombres están escritos en el cielo" (Lucas 10:20).

"¿Dónde está el Señor, el Dios de Elías?" es la pregunta que se hace Eliseo cuando llega al río Jordán. Había visto a Elías ser llevado en un torbellino; Eliseo sabía que había cumplido con la condición.

Cuando sumergió el manto de Elías en el Jordán, las aguas se dividieron. Se requería fe para que sumergiera el manto en el agua. Pero cuando el agua comenzó a dividirse, por un momento, la fe se concretó.

¿Has cumplido la condición? Si es así, el agua también se dividirá para ti.

Dios apareció. Exactamente cuando Eliseo necesitaba ver la obra de Dios.

CAPÍTULO 3

CUANDO LO QUE DIOS HACE PARECE NO TENER SENTIDO

Luego, los habitantes de la ciudad le dijeron a Eliseo:

—Señor, como usted puede ver, nuestra ciudad está bien ubicada, pero el agua es mala, y por eso la tierra ha quedado estéril.

—Tráiganme una vasija nueva, y échenle sal —les ordenó Eliseo.

Cuando se la entregaron, Eliseo fue al manantial y, arrojando allí la sal, exclamó:

—Así dice el SEÑOR: "¡Yo purifico esta agua para que nunca más cause muerte ni esterilidad!".

A partir de ese momento, y hasta el día de hoy, el agua quedó purificada, según la palabra de Eliseo.

—2 Reyes 2:19-22

Servimos a Dios no porque baile a nuestro ritmo, sino porque confiamos en su preeminencia en nuestras vidas.

—Dr. James Dobson (1936-)

Hay momentos en los que parece que lo que Dios hace no tiene sentido, por lo que mostraré —en este capítulo— dos ejemplos de eso. El primero es cuando Eliseo hace una extraña petición sobre cómo lidiar con el agua mala. El segundo es cuando Dios afirma que Eliseo maldijo a unos jovencitos por burlarse de él.

De Jericó, Eliseo se dirigió a Betel. Iba subiendo por el camino cuando unos muchachos salieron de la ciudad y empezaron a burlarse de él. "¡Anda, viejo calvo! —le gritaban—. ¡Anda, viejo calvo!". Eliseo se volvió y, clavándoles la vista, los maldijo en el nombre del SEÑOR. Al instante, dos osas salieron del bosque y despedazaron a cuarenta y dos muchachos. De allí, Eliseo se fue al monte Carmelo; y luego regresó a Samaria.

—2 Reyes 2:23-25

Eliseo no tardó mucho en ganarse la reputación de profeta: "El espíritu de Elías reposa sobre Eliseo" (2 Reyes 2:15). Tampoco se necesitó mucho discernimiento para darse cuenta de ello. Los hijos de los profetas vieron cuando las aguas del Jordán se dividieron ante sus propios ojos. Tan pronto como Eliseo caminó hacia ellos en lo profundo del Jordán, se le acercaron y se postraron en tierra ante él (2 Reyes 2:15). Sin duda esperaban que ellos también pudieran tener esa unción. Por lo tanto, querían afirmar desinteresadamente no solo a Eliseo sino a Dios mismo, que pasó junto a ellos y puso su mano sobre Eliseo. Eso muestra una unidad que no siempre ha caracterizado al pueblo de Dios.

La promesa de Gabriel a Zacarías con respecto a Juan el Bautista fue que el niño crecería e iría delante del Señor "en el espíritu y poder de Elías" (Lucas 1:17). El espíritu de Elías, sin embargo, estuvo en Eliseo siglos antes que sobre Juan el Bautista. La vida de Eliseo nunca volvería a ser la misma.

¿Te gustaría tener un don profético? ¡Cuidado! Pobre de ti si se te da el inefable don de la profecía; la gente te buscará para que le des una palabra. No sé si a Eliseo lo rodeaba la gente para hablarle, pero en la actualidad es así. Si tuviera un don profético genuino, ¡creo que me mantendría en silencio todo el tiempo que pudiera! Los "habitantes de la ciudad" —probablemente Jericó— acudieron a buscar a Eliseo. A quien mucho se le da, mucho se le demandará (Lucas 12:48). ¿Estás seguro de querer alguno de los dones más espectaculares del Espíritu? Estos profetas que afirmaron a Eliseo obviamente no tenían grandes dones. Deberían haber sabido que Elías no podía ser encontrado.

Eliseo ahora tenía una autoridad como ninguno; los habitantes de la ciudad ahora lo trataban como lo hicieron con Elías. Le plantearon un caso muy difícil a Eliseo: "He aquí, la situación de esta ciudad es agradable, como mi señor ve, pero el agua es mala, y la tierra es estéril" (2 Reyes 2:19).

Es razonable suponer que, si hay una persona de la estatura de Elías o Eliseo, esperes que ese profeta hable de cualquier situación, no solo de los problemas particulares de uno. Me inquieta un poco que haya gente aclamada por ser capaz de gritar el nombre, la dirección y la fecha de nacimiento de una persona en la decimoséptima fila de un estadio de cincuenta mil individuos y no advertir de una pandemia que perturba al mundo. Por lo tanto, que se le pida a Eliseo que hable sobre una situación en Jericó que afecta a toda el área es lo que uno esperaría que abordara un verdadero profeta: "las aguas son malas y la tierra estéril".

La solución de Eliseo fue algo extraña: "Tráiganme una vasija nueva, y échenle sal" (2 Reyes 2:20). Sin embargo, nadie lo cuestionó. Al contrario, hicieron lo que pidió. Se la llevaron. Entonces fue al manantial de agua y le echó sal y dijo: Así dice el Señor: "¡Yo purifico esta agua para que nunca más cause muerte ni esterilidad!" (v. 21). De modo que el agua ha sido sanada "hasta el día de hoy, conforme a la palabra que habló Eliseo" (v. 22).

He estado en ese manantial en Jericó. El agua es dulce y buena para beber, incluso en la actualidad. Podemos hacernos dos preguntas: (1) ¿por qué una vasija "nueva"? y (2) ¿por qué "sal"? Esto explica el título que he elegido para este capítulo: "Cuando lo que Dios hace parece no tener sentido". Este es un patrón predecible de los caminos de Dios a lo largo de los siglos. Dios es así; es parte de sus "caminos". Dios lamentó que el pueblo de Israel "no conociera sus caminos" (ver Hebreos 3:10).

De manera que, ¿por qué es importante esta expresión: lo que Dios hace parece no tener sentido? Ya sea la extraña petición de Dios a Abraham de sacrificar a Isaac (Génesis 22:2) o lo que estaba sucediendo fuera de la ciudad de Jerusalén el Viernes Santo, a Dios le encanta sorprender al mundo con su sabiduría. En efecto, en esta historia se encuentran los primeros rudimentos del evangelio. Si no eres cristiano, este capítulo puede ayudarte a saber cómo convertirte en seguidor de Cristo. Segundo, en esta historia de Eliseo debemos aprender una lección: no intentes descifrar a Dios; confía en él y sabrás lo que está haciendo.

"Nuestra ciudad está bien ubicada", dijeron los habitantes de la ciudad a Eliseo. "Ubicación, ubicación, ubicación", como dicen en el sector inmobiliario. Jericó es un lugar encantador, se dice que es la ciudad más antigua del mundo. Pero el agua era mala en aquellos días y la tierra improductiva. La ubicación no significa nada si no puedes comer ni beber.

"Tráiganme una vasija nueva", pidió Eliseo. ¿Por qué nueva? ¿No podía ser una vasija vieja o usada que sirviera igual de bien? Respuesta: Dios iba a hacer algo nuevo y diferente. A Dios le gusta hacer cosas sin precedentes. Ninguna de los héroes de la fe, mencionados en Hebreos 11, pudo repetir algún hecho previo. Cada uno tenía que hacer lo que nunca antes había hecho. A continuación tenemos dos pasajes relevantes:

Porque mis pensamientos no son los de ustedes, ni sus caminos son los míos —afirma el Señor—. Mis caminos y mis pensamientos son más altos que los de ustedes ¡más altos que los cielos sobre la tierra!

—Isaías 55:8-9

Pero Dios escogió lo insensato del mundo para avergonzar a los sabios, y escogió lo débil del mundo para avergonzar a los poderosos. También escogió Dios lo más bajo y despreciado, y lo que no es nada, para anular lo que es, a fin de que en su presencia nadie pueda jactarse.

—1 Corintios 1:27-29

"Échenle sal", ordenó Eliseo. Había mucha sal alrededor. El Mar Muerto, a veces llamado Mar Salado, se encuentra a poca distancia de Jericó, y el río Jordán desemboca en él. Como dije, a veces Dios requiere cosas de nosotros que no tienen sentido en el momento.

¿Qué pueden hacer una vasija nueva y la sal para sanar la tierra? Los habitantes de la ciudad podrían haber dicho: "¿Quién se cree que es este Eliseo? Que no nos trate como si fuéramos estúpidos".

Cada vez que un profeta confiable haga una petición insensata, debemos obedecer.

Cuando estamos desesperados, debemos obedecer. Era una solicitud simple, nada complicado al respecto. No tenía sentido. Pero las palabras eran claras.

Es lo mismo con el evangelio, parece insensato, pero el mensaje es claro: la sangre de Jesús lavará tu pecado. Sí, aunque es extraño, las palabras son claras.

"Entonces se lo trajeron" (2 Reyes 2:20). Fue fácil para ellos hacerlo; no discutieron. Nosotros hacemos las pequeñas cosas; Dios hace las grandes.

Tu tarea: mirar a Jesús.

Hay vida con solo mirar al crucificado,
Hay vida al momento para ti;
Así que míralo, pecador, míralo y sé salvo,
Mira al que fue clavado al madero.

—Amelia M. Hull
(1812-1884)[1]

Jesús dijo: "Porque esta es la voluntad de mi Padre, que todo *el que mira al Hijo* y cree en él, tenga vida eterna, y yo lo resucitaré en el último día" (Juan 6:40, énfasis añadido). Como dijo Charles Spurgeon: "Corre hacia la cruz. Si no puedes correr, camina. Si no puedes caminar, gatea. Si no puedes gatear, mira". No es una *gran* fe la que salva; la que salva es la fe en un *gran* Salvador.

Vengan, pecadores, pobres y menesterosos,
débiles, heridos, enfermos y adoloridos;
Jesús está esperando para salvarlos,
su piedad, su amor y su poder son inmensos.

Vengan, sedientos y recíbanlo con gozo,
glorifiquen la gratuita generosidad de Dios;
la verdadera fe y el verdadero arrepentimiento,
la gracia de Dios los acerca a él.

No dejen que la conciencia los retrase,
ni que la comodidad les haga olvidar su bendición;
todo lo que quiere
es que sientan necesidad de él.

Vengan, cansados, cargados, perdidos y arruinados
por la caída;
si demoran pensando acudir cuando estén mejor,
nunca vendrán.

—Joseph Hart (1712-1768)[2]

¿Cómo sanar el agua mala, cómo restaurar su sabor, vaciando una vasija de sal en ella para endulzarla? ¿Qué explicación tiene eso? Es un verdadero misterio. No intentes descifrarlo. Moisés quería averiguar cómo ardía la zarza que no se consumía. Dios le dijo que se quitara los zapatos y que lo adorara. Esa es una explicación milagrosa. Comienza con la Palabra de Dios: "Así dice el Señor" (v. 21). Dios está en el fondo de todo: "Yo purifico esta agua" (v. 21). Eliseo hizo un pronunciamiento: "para que nunca más cause muerte ni esterilidad" (v. 21). Como dije, he probado esa agua. El manantial está en Jericó hasta hoy.

En definitiva, fue lo que *Dios* hizo. No lo que hizo Eliseo; este solo era un instrumento. Si Dios puede sanar el agua, te puede sanar a ti.

Una dama musulmana en Londres se despertó en la noche al escuchar la palabra "Kendall". Por eso, se preguntó qué podría significar ese vocablo. Así que, a la mañana siguiente, decidió cruzar la calle y dirigirse a una iglesia católica para encender una vela. El sueño se repitió varios días después y todavía escuchaba la palabra "Kendall". Así que volvió a la iglesia católica y encendió otra vela. Pero entonces le dijo a una amiga: "¿Cómo puedo aprender acerca de la Biblia? ¿Puedo tomar un curso en línea?". Su amiga le respondió: "Deberías ir a la Capilla de Westminster y escuchar al doctor Kendall". Al instante dijo: "Kendall. Esa es la palabra que escuché". De modo que fue a la Capilla de Buckingham el siguiente viernes por la noche. Cuando nos vio nos dijo, a Louise y a mí: "Al entrar en la iglesia, supe que había llegado a casa". Más tarde se sanó milagrosamente de un cáncer de garganta. Fue bautizada y se convirtió en miembro de la Capilla de Westminster.

Un hombre de Glasgow, Escocia, llegó a la Capilla de Westminster un domingo por la mañana. Después de la Santa Cena, ofrecimos ungir con aceite a cualquiera que quisiera sanidad. El hombre se dijo a sí mismo: "Aquí nadie me conoce. ¿Qué tengo que perder?". Así que pasó al frente por la sanidad. Tenía un gran problema de vértigo. Cuando regresó a Glasgow, notó que la enfermedad se le desapareció. Días después desechó el catre que siempre tenía cerca para cuando le sobrevenía un ataque. El vértigo nunca regresó. Dios puede hacer cualquier cosa. El mismo Dios que misteriosamente puso sal en el agua mala, nos dará agua dulce. El principio del agua dulce, sin embargo, es culparte a ti mismo, no al mundo. Dios hace las cosas grandes (1 Juan 1:9); todo lo que tú haces es lo que esos hombres hicieron: "le llevaron lo que pidió el profeta", Dios hizo el resto.

Lo que sucedió el Viernes Santo no parecía sensato en aquel momento, pero Dios estaba en Cristo reconciliando al mundo consigo mismo. Lo que está pasando en tu vida puede que te parezca insensato ahora. Pero, confía en el Dios omnisapiente que sabe lo que está haciendo.

Y ahora, en la segunda situación en la que Dios parece que hace algo que no tiene sentido, lo que sigue lo llamo *respeto por la unción*.

¿Cuánto respeto tienes por la unción del Espíritu Santo? ¿Cuánto respeto le tienes al que posee esa unción?

Este pasaje, 2 Reyes 2:23-25, es fácil y a la misma vez difícil de entender. Cuando cuarenta y dos jóvenes mueren por el poder de Dios, ¿qué vamos a creer?

Pensaba que Eliseo abusó de su don profético. ¿Acaso abusó de su unción? ¿O estaba Dios salvaguardando el respeto por el profeta? ¿Llevó el Espíritu Santo a Eliseo a maldecir a esos jóvenes? ¿O estaba Eliseo tomando aquellas burlas como algo personal y, por lo tanto, abusó de su unción? Lo que hizo Eliseo es ciertamente cuestionable. ¿Habría reaccionado Jesús así? ¿Es eso lo que enseñó Jesús? Ve lo que dice Mateo 5:38-39, donde Jesús indica que pongamos la otra mejilla si nos insultan.

¿Operaba Eliseo bajo el sistema de la ley de "ojo por ojo y diente por diente"? Si es así, fue más allá de la ley. ¡Cuarenta y dos muchachos perdieron la vida!

Y, sin embargo, lo que sucedió no es lo que hizo Eliseo; tienes que decir que *Dios fue el que hizo eso.* Eliseo los maldijo en el nombre del Señor, es decir, de Yahvé. Dios no tuvo que responder a la maldición de Eliseo. Pero lo hizo. ¿Por qué es importante esta segunda parte del presente capítulo? Mi respuesta: es para enseñarnos a respetar la unción. La unción es el poder del Espíritu Santo; es la presencia inmediata de Dios depositada en una persona aprobada por él. La presencia del Espíritu Santo debe ser respetada, sobre todo cuando a Dios le agrada manifestarse conscientemente.

Por ejemplo, en la iglesia primitiva, como se describe de manera especial en los primeros capítulos del Libro de los Hechos, había lo que yo llamaría un *alto nivel* de la presencia del Espíritu. Es mi teoría que cuando eso existe, lo que es probable que no suceda todos los días, uno debe ser doblemente reverente. Lo que sucedió con Ananías y Safira, que fueron heridos de muerte cuando le mintieron al Espíritu, podría no haber sucedido más tarde. Digo esto porque sospecho que ha habido personas que no fueron sinceras ante Dios en los últimos dos mil años, pero que no cayeron muertos. El error que cometieron Ananías y Safira fue no discernir la presencia inmediata del Espíritu. O tal vez la presencia del Espíritu se había convertido en una parte tan importante de la iglesia en esos días que no la apreciaban. En cualquier caso, ambos le mintieron a Pedro en cuanto al dinero que pretendían darle y murieron en el acto.

Por cierto, hay quienes piensan que Pedro abusó de su autoridad apostólica. ¡Ni remotamente cierto! Dios no habría aprobado nunca lo que hizo Pedro si el Espíritu no hubiera dirigido al apóstol para hablarles a Ananías y Safira como lo hizo. Aunque no hay mandato bíblico que diga que tienes que vender tu propiedad y dársela a la iglesia, por alguna razón el Espíritu Santo estuvo presente de una manera inusual y sin precedentes. El problema era mentirle al apóstol.

La iglesia en la antigua Corinto, por otro lado, pasaba por un avivamiento. Por lo tanto, como había algunos que abusaban de los pobres y no respetaban la Santa Cena, Dios intervino y juzgó a algunos de ellos. Algunas personas estaban enfermas, otras estaban débiles e incluso otras murieron, afirmó Pablo en su carta (1 Corintios 11:30). Por cierto, se trataba de personas salvas, no incrédulas. Porque Pablo agregó: "Si nos juzga el Señor, nos disciplina para que no seamos condenados con el mundo" (1 Corintios 11:32). De hecho, eso *se debe a que* como son personas salvas entonces son juzgadas.

Por lo tanto, esta enseñanza acerca de Eliseo y los muchachos que se burlaron de él es para enseñarnos respeto por el ungido de Dios: su profeta, su ministro. Dios no hace acepción de personas ni de edades. Por extraño que parezca, Dios estima su unción por encima de todo.

Cuando apenas eran un puñado de vivientes, unos cuantos extranjeros en la tierra, cuando iban de nación en nación y pasaban de reino en reino, Dios no permitió que los oprimieran; por amor a ellos advirtió a los reyes: "¡No toquen a mis ungidos! ¡No maltraten a mis profetas!".

1 Crónicas 16:19-22; Salmos 105:12-15

Creo que esta podría ser un área de estudio a la que se le ha puesto poca atención. Muchas personas han abusado de los ministros de Dios y parecen salirse con la suya. Cuando eso ocurre, pienso en pasajes como los siguientes:

Obedezcan a sus dirigentes y sométanse a ellos, pues cuidan de ustedes como quienes tienen que rendir cuentas. Obedézcanlos a fin de que ellos cumplan su tarea con alegría y sin quejarse, pues el quejarse no les trae ningún provecho.

—Hebreos 13:17

Hermanos, les pedimos que sean considerados con los que trabajan arduamente entre ustedes, y los guían y amonestan en el Señor. Ténganlos en alta estima, y ámenlos por el trabajo que hacen. Vivan en paz unos con otros.

—1 Tesalonicenses 5:12-13

El que recibe instrucción en la palabra de Dios comparta todo lo bueno con quien le enseña.

—Gálatas 6:6

"Mía es la venganza, yo pagaré, dice el Señor" (Romanos 12:19). Dios no siempre interviene de inmediato. Tengo una teoría: cuanto más se enoja Dios, más tiempo tarda en mostrarlo. La imperfección del ministro, profeta o predicador no te da derecho a hablar mal de esa persona. Eliseo no era perfecto; es muy posible que no debió haber hecho lo que hizo. Pero Dios intervino, de todos modos, y defendió a Eliseo, sea que se tratara de este personalmente o de la unción.

Un tema antiguo en la historia de la iglesia era las dudas que planteaban el hecho de que los convertidos que fueron bautizados por ministros que luego apostataron de la fe necesitaban ser rebautizados. Respuesta: no. El consenso de la iglesia, dirigida en parte por San Agustín, fue que lo que importaba era el acto del bautismo, no la persona que lo oficiaba.

Así también con la Santa Cena o Cena del Señor; no es la persona que administra el pan y el vino lo que importa, sino la que participa de esos elementos; esta es responsable de discernir el cuerpo del Señor en la ordenanza.

Recuerda esto acerca de cualquier persona que tenga la unción del Espíritu. Son gente corriente. Muy humanos, muy frágiles. Eran como tú antes de que tuvieras unción; todavía son como tú, pero ahora tienen una nueva responsabilidad. Esperemos que no se les suba a la cabeza y que continúen practicando la humildad. En todo caso, se debe respetar la unción que hay sobre ellos.

Pablo necesitaba un aguijón en la carne para no ser presa de su propio orgullo, para no exaltarse demasiado (2 Corintios 12:7). El propósito de la unción es mostrar el poder de Dios en estas vasijas de barro que somos (2 Corintios 4:7-9). Esto puede ser en la predicación, especialmente aquellos que poseen un don de enseñanza. El poder de la unción es la potencia que tienes para impartir la Palabra de Dios. A veces puede manifestarse como poder sanador. Y como pasó con Eliseo, para su sorpresa (estoy seguro), se manifestó como un poder para matar.

Lo que Pedro hizo con Ananías y Safira sorprendió al propio apóstol más que a nadie. Lo mismo sucedió con Eliseo cuando los cuarenta y dos muchachos fueron mutilados por los osos.

En cuanto a la preservación de la unción, recuerda que los dones no están sujetos a habilidades o talentos propios. Uno no se gana la unción siendo piadoso. Ni la guarda siendo piadoso.

Eliseo recibió su unción con una condición: que viera a Elías en el momento preciso en que fue llevado al cielo. No tuvo que hacerle ninguna promesa a Dios. Su petición se le concedió porque vio a Elías ascendiendo.

Vale la pena mencionar la protección de la unción. Independientemente de lo que se pueda decir sobre Eliseo y la muerte de los cuarenta y dos muchachos, Dios intervino para resguardar la unción. A partir de ese día, la gente sería muy, muy cuidadosa, en cuanto a lo que tuviera que ver con un profeta de Dios reconocido. Mi consejo para todos en lo referente a respetar la unción o los ungidos es esta: vayan a lo seguro. David, incluso, dijo que Saúl era el "ungido de Dios", por lo que se negó a ponerle la mano encima (1 Samuel 24:6; 26:9).

CAPÍTULO 4

LA SUPREMA GRACIA
DE DIOS

En fin, ¡que me traigan un músico! Mientras el músico tañía el arpa, la mano del SEÑOR vino sobre Eliseo, y este dijo:

—Así dice el SEÑOR: "Abran zanjas por todo este valle, pues aunque no vean viento ni lluvia —dice el SEÑOR—, este valle se llenará de agua, de modo que podrán beber ustedes y todos sus animales". Esto es poca cosa para el SEÑOR, que además entregará a Moab en manos de ustedes. De hecho, ustedes destruirán todas las ciudades fortificadas y las otras ciudades principales. Cortarán los mejores árboles, cegarán los manantiales y sembrarán de piedras los campos fértiles. A la mañana siguiente, a la hora de la ofrenda, toda el área se inundó con el agua que venía de la región de Edom.

—2 Reyes 3:15-20

La música es el arte de los profetas y el regalo de Dios.

—Martín Lutero

¿Sabes lo que es para Dios anular tus planes? ¿Sabes lo que es cuando Dios anula tus tontos errores?

Anular significa rechazar o desautorizar al ejercer la autoridad superior de uno. Es cuando un juez tiene la autoridad oficial para decidir en contra de una decisión ya tomada, como cuando un juez anula una objeción en un tribunal de justicia, o cuando la Corte Suprema anula una decisión de un tribunal inferior.

Dios es el Gobernante supremo. Él tiene la autoridad para desautorizar. Eso es lo que él hace todo el tiempo; trabaja horas extras anulando nuestros errores, interviniendo, mediando y permitiéndonos salvar las apariencias.

Este capítulo contiene varios temas, incluidos: (1) cómo recurrían, los reyes de Israel y Judá, al profeta Eliseo cuando estaban desesperados, (2) la poco amable respuesta (al principio) de Eliseo a esos reyes, y (3) la forma en que Dios trató con el prejuicio mostrado por Eliseo y su temperamento injustificado.

En el capítulo anterior vimos cómo afirmó Dios la unción de Eliseo, pese al sorprendente uso de su unción, al maldecir a unos muchachos por burlarse de su calvicie.

Eliseo puede o no haber abusado de su unción pero, en cualquier caso, Dios intervino a pesar de que el profeta aparentemente perdió los estribos y envió osos para atacar a esos muchachos.

En este capítulo analizamos los comentarios inútiles de Eliseo a Joram, rey de Israel. Eso nos da otro vistazo de las fallas del profeta. Por sorprendente que eso pueda ser para algunos de nosotros, Eliseo tenía un problema con su temperamento. Debemos tener presente tanto la unción externa como la interna. Lo externo puede referirse al perfil público de uno, la unción que uno tiene. Esto es irrevocable (Romanos 11:29). También están los frutos internos —en tu vida personal— del Espíritu, como son el amor, el gozo, la paz y la paciencia (Gálatas 5:22).

Uno de los propósitos de este capítulo es mostrar que estas dos cosas se unen. En definitiva, el don profético de Eliseo no se activa hasta que su temperamento está bajo control.

Pero Josafat preguntó:

—¿Acaso no hay aquí un profeta del Señor, para que consultemos al Señor por medio de él?

Un oficial del rey de Israel contestó:

—Aquí cerca está Eliseo hijo de Safat, el que servía a Elías.

—Pues él puede darnos palabra del Señor —comentó Josafat.

Así que el rey de Israel fue a ver a Eliseo, acompañado de Josafat y del rey de Edom. Pero Eliseo le dijo al rey de Israel:

—¿Qué tengo yo que ver con usted? Váyase a consultar a los profetas de su padre y de su madre.

—No —respondió el rey de Israel—, pues el Señor nos ha reunido a los tres para entregarnos en manos de los moabitas.

Eliseo replicó:

—Le juro que si no fuera por el respeto que le tengo a Josafat, rey de Judá, ni siquiera le daría a usted la cara. ¡Tan cierto como que vive el Señor Todopoderoso, a quien sirvo! En fin, ¡que me traigan un músico!

Mientras el músico tañía el arpa, la mano del Señor vino sobre Eliseo.

—2 Reyes 3:11-15

Eliseo fue grosero con el rey de Israel (vv. 13-14). En realidad, había cierta verdad en lo que dijo el profeta. Pero, al menos, Joram se estaba tornando hacia Eliseo, aunque fuera idea de Josafat.

Lo que sigue es la incapacidad de Eliseo para ayudar a los reyes hasta que se calme. Por eso hace llamar a un arpista. Se calma y Dios interviene. La música es un don de la gracia común. Martín Lutero dijo: "Después de la palabra de Dios, la música merece el mayor elogio".[1]

Una vez que Eliseo se calma, vemos lo que sucede (vv. 15-16):

Mientras el músico tañía el arpa, la mano del Señor vino sobre Eliseo, y este dijo:

—Así dice el Señor: "Abran zanjas por todo este valle".

El escenario es este: Moab rompió un acuerdo con Israel para criar corderos y ovejas, con el fin de obtener alimento y vestido. El rey Joram de Israel decidió atacar a los moabitas, por lo que le preguntó a Josafat, rey de Judá, si quería unirse a él. La respuesta fue "sí" (v. 7). Pero al optar por ir al sur y rodear el Mar Muerto, se quedarían sin agua —la gente y los animales— padeciendo sed. Parecía que todos iban a morir. Joram pensó que Dios había determinado juzgarlos (v. 10).

Entonces Josafat preguntó: ¿No hay un profeta al que podamos consultar? Sí. Le dijeron, entonces, que un profeta llamado Eliseo —que conocía a Elías— estaba cerca. Joram debió haber sabido eso, pero es Josafat quien hace la sugerencia. Así que cuando consultan a Eliseo, el profeta se vuelve contra Joram (v. 13).

¿Por qué es importante recibir una palabra profética? Primero, porque es una demostración de la suprema gracia de Dios. La verdad es que Dios, *todo el tiempo,* hace eso con nosotros. Si no fuera por la suprema gracia divina, todos estaríamos destruidos y desaparecidos hace mucho tiempo. Pienso en los miles de errores que he cometido.

Sin embargo, todavía estoy aquí, todo debido a la gracia infinita de Dios.

Segundo, eso muestra que nuestro don puede no tener valor a menos que nuestra vida personal esté en orden. Aun cuando Pablo dijo que debemos desear fervientemente el mejor don o el más sublime, la mejor manera de vivir es por amor. Y lo muestra con el gran capítulo de la Biblia dedicado al amor: 1 Corintios 13.

Tercero, este relato muestra cómo podemos tener toda la razón —según nuestra opinión— y estar completamente equivocados al mismo tiempo. Eliseo tenía la unción de Elías. Pero esta no surtió efecto hasta que Eliseo se calmó.

En cuarto lugar, eso muestra que Dios —a menudo— no llama nuestra atención hasta que estamos completamente desesperados. En condiciones normales, el rey de Israel —Joram—, no acudiría al rey de Judá. Eran enemigos virtuales. Joram tampoco se habría dirigido a Eliseo; estaba demasiado avergonzado para hacerlo.

Sin embargo, cuando las cosas van muy mal, menudo el nombre de Dios entra en la conversación de los malvados (v. 10).

Quinto, este relato de la vida de Eliseo muestra que las personas malvadas saben quiénes son sus verdaderos amigos. Joram sabía en su corazón que Josafat no diría que no a su pedido.

Joram también sabía que Eliseo era la única esperanza que tenían.

Sexto, aprendemos que las personas atrapadas por el pecado presienten cuando Dios está a punto de juzgarlas. El malvado Joram sintió que Dios lo estaba juzgando al permitir que Moab derrotara a los tres reyes. Joram sabía lo culpable que era. Al menos no tenía la conciencia cauterizada. "Puedes estar seguro de que no escaparás de tu pecado" (ver Números 32:23).

Séptimo, vemos cuán agradecidos debemos estar por los líderes que saben qué hacer cuando se requiere. Josafat, rey de Judá, pregunta: "¿No hay profeta de Dios por aquí?". El rey de Judá vislumbró el problema (sin hablar de lo más obvio). De modo que se enfocó directamente en el asunto: *necesitamos a Dios*. ¿Cuándo fue la última vez que un jefe de estado llamó a una nación a un día de oración y ayuno?

Octavo, este pasaje muestra lo valioso de la música. Además de la teología, dijo Lutero, amaba la música. ¡Concuerdo mucho con eso! La música, como dije, es un don de la gracia común de Dios. Se podría decir que Jubal fue el primer ejemplo (Génesis 4:21).

Noveno, este relato en 2 Reyes 3 nos muestra cuán rápido puede Dios cambiar las cosas. Al día siguiente, todo cambió; Moab era repudiado. Recuerdo lo rápido que Dios se acercó en el día de Ezequías. De hecho, "Y Ezequías y todo el pueblo se regocijaron de que Dios hubiera preparado al pueblo *para hacerlo todo con rapidez*" (2 Crónicas 29:36, énfasis agregado).

Décimo, esta historia es una demostración de las maneras en que Dios opera. La forma en que los reyes derrotaron a Moab no se captaba en el radar de nadie. El agua llegó sin lluvia. El sol que brillaba entre el agua parecía sangre para los moabitas, por lo que atacaron a Israel y fueron derrotados por completo. Creo que eso será cierto con respecto al reavivamiento por el que estamos orando. ¡Sucederá de una manera que nadie ha soñado!

Undécimo, esta historia es un recordatorio de que Dios está casado con el reincidente (Jeremías 3:14). Israel fue parte de las diez tribus que se separaron años antes. El rey de Judá podría haber rechazado la solicitud de Joram, diciendo: "Ese es tu problema; has rechazado a Dios", que es prácticamente lo que Eliseo le dijo. Y, sin embargo, Dios todavía estaba dispuesto a ayudar a Israel a evitar la primera reacción de Eliseo. ¿Crees que es posible que hayas vagado muy lejos de Dios y, sin embargo, él viene a tocar a tu puerta?

Veamos la apresurada reacción de Eliseo (vv. 13-14). Eliseo habló antes de escuchar a Dios, una reacción espontánea motivada por su prejuicio. Algunas personas piensan que todo lo que diga un profeta es inspirado. Eso es totalmente erróneo. Los profetas tienen que escuchar de Dios, de lo contrario son tan carnales como cualquiera de nosotros. Podría contar docenas de historias de algunas de las personas proféticas de Dios más conocidas de nuestros días. Créanme, todos cometen errores; todos son humanos. En cuanto a la rápida reacción de Eliseo, fue inútil. No ganaría el Premio Nobel de la Paz por hablar así. Seguramente esa moralización era innecesaria; fue contraproducente en tres maneras: (1) No ayudó al rey Joram. (2) Tampoco ayudó al propio Eliseo, por lo que entristeció al Espíritu Santo. Fue algo injusto. Después de todo, a pesar de lo malvado que era, Joram estaba siguiendo el consejo de Josafat en cuanto a buscar un profeta. Eliseo se negó a aceptar lo obvio: que Joram se acercaba porque sentía que Dios estaba entregando a Israel y a Judá en manos de Moab. (3) Era innecesario. Antes de hablar, pregunta si lo que quieres decir satisfará la necesidad de la otra persona. Pregúntate lo siguiente:

¿Es necesario decir esto?
¿Es motivador? Hay dos clases de personas: las que edifican y las que destruyen.
¿Es edificante? ¿Es constructivo?
¿Es dignificante? ¿Muestra respeto?

¡Eliseo fracasó en los cuatro puntos anteriores!

En favor de Joram (v. 13), hay que reconocer que no cedió ante el apresurado desprecio de Eliseo ni reprendió al profeta, sino que razonó con él: tres reyes (Israel, Judá y Edom) estaban siendo juzgados y Moab los derrotaría a todos; no tenían agua ni alimentos, estaban desesperados. Eso podría destruirlos a todos: Israel, Judá y Edom.

Fue entonces cuando Eliseo se calmó y se serenó. Aunque aún no tenía una palabra profética.

La petición de Eliseo: "que me traigan un músico", fue una buena idea. ¿Por qué? Para refrescarse. La música adecuada puede hacer eso. Samuel pudo haber establecido un precedente para ello. Recuerda lo que le dijo a Saúl, antes de que se convirtiera en rey:

Al entrar en la ciudad te encontrarás con un grupo de profetas que bajan del santuario en el cerro. Vendrán profetizando, precedidos por músicos que tocan liras, panderetas, flautas y arpas.

—1 Samuel 10:5

Más tarde, el joven David tocó para Saúl, que —lamentablemente— se convirtió en un rey paranoico (1 Samuel 16:14-23).

Por extraño que parezca, Eliseo necesitaba tiempo para calmarse; de modo que su don profético surtiera efecto. Debo admitir que entiendo esto. Cuando estoy preparando un sermón después de una discusión con alguien, desaparece la inspiración y el significado exacto de las Sagradas Escrituras.

Si tuvieron que cavar zanjas primero, lo que implican la NVI y la RVR1960, no es seguro. ¿Era eso lo que tenían que hacer antes de que Dios actuara? Tampoco sabemos. Lo cierto es que aquello se cumplió al día siguiente y la verdad es que no habrían tenido tiempo de cavar zanjas. Parece que Dios lo hizo todo sin que ellos tuvieran que mover una mano. El plan trajo alivio a quienes escucharon la profecía.

Sin embargo, ¿cuál es el propósito de la profecía, hablando en general? La profecía sirve para advertir o alentar. En este caso, en particular, era para animar. Era para aquellos que necesitaban agua para poder sobrevivir. Eso fue "poca cosa para el Señor" (v. 18), es decir, agua fluyendo sin lluvia que la precediera. "A la mañana siguiente, a la hora de la ofrenda, toda el área se inundó con el agua que venía de la región de Edom" (v. 20).

Dios tiene la respuesta a cada problema que podamos imaginar.

El problema de ellos era que no tenían agua. Eso era "poca cosa para el Señor".

¿Tienes una necesidad? ¿Necesitas guía? ¿Sanidad? ¿Finanzas? ¿Sabiduría? Dios siempre sabe qué hacer. Él sabe cuál es el siguiente paso. Dios tiene formas impredecibles de revelarnos lo siguiente que debemos hacer. "Tráiganme un arpista". ¿De qué se trata eso? Recuerda, los caminos de Dios son más altos que los nuestros (Isaías 55:8-9); él escoge las cosas necias para avergonzar a los sabios (1 Corintios 1:27). A Dios le agrada hacer lo que ningún hombre o mujer se imagina. Le encanta hacer lo que está más allá de la naturaleza, lo que es milagroso. Cuando se trata de tu problema, *piensa en grande*. No límites a Dios a tu propio entendimiento. "Ningún ojo ha visto, ningún oído ha escuchado, ninguna mente humana ha concebido lo que Dios ha preparado para quienes lo aman" (1 Corintios 2:9). Somos amados con amor eterno. Dios dice: "Estoy casado con el reincidente". Dios todavía amaba al antiguo Israel, al punto que —incluso— tuvo paciencia con Joram.

¿Eres como Joram? ¿Hay algo bueno en ti, aunque lo malo es mucho más? Dios quiere intervenir a favor tuyo.

¿Y si Eliseo no se hubiera calmado y no hubiera recibido esa palabra transformadora del Señor? Todo lo que sé es que Dios intervino. Lo hizo con Elías; lo hizo con Eliseo.

Los mejores hombres, en el mejor de los casos, solo son eso: hombres. Aunque cometemos errores estúpidos, Dios aún no ha terminado con nosotros. Pudo haber reprendido a Eliseo pero, en vez de eso, lo apoyó. Pudo haber reprendido a Elías en el Carmelo por decir: "Solo quedo yo" (estaba muy equivocado), pero en lugar de eso, lo ayudó.

¿Ha cambiado algo, Dios, últimamente en tu vida? Lo que ha sucedido contigo tiene un propósito.

Él puede cambiar las cosas muy rápidamente. Dios intervendrá, nunca demasiado tarde ni demasiado temprano, sino justo a tiempo.

CAPÍTULO 5

CUANDO TIENES LA RESPUESTA FRENTE A TU NARIZ

La viuda de un miembro de la comunidad de los profetas le suplicó a Eliseo:

—Mi esposo, su servidor, ha muerto, y usted sabe que él era fiel al SEÑOR. Ahora resulta que el hombre con quien estamos endeudados ha venido para llevarse a mis dos hijos como esclavos.

—¿Y qué puedo hacer por ti? —le preguntó Eliseo—. Dime, ¿qué tienes en casa?

—Su servidora no tiene nada en casa —le respondió—, excepto un poco de aceite.

Eliseo le ordenó:

—Sal y pide a tus vecinos que te presten sus vasijas; consigue todas las que puedas. Luego entra en la casa con tus hijos y cierra la puerta. Echa aceite en todas las vasijas y, a medida que las llenes, ponlas aparte.

En seguida la mujer dejó a Eliseo y se fue. Luego se encerró con sus hijos y empezó a llenar las vasijas que ellos le pasaban. Cuando ya todas estuvieron llenas, ella le pidió a uno de sus hijos que le pasara otra más, y él respondió: "Ya no hay". En ese momento se acabó el aceite. La mujer fue y se lo contó al hombre de Dios, quien le mandó: "Ahora ve a vender el aceite, y paga tus deudas. Con el dinero que te sobre, podrán vivir tú y tus hijos".

—2 Reyes 4:1-7

Nuestra fe no está destinada a sacarnos de un lugar difícil o a cambiar nuestra condición dolorosa. Más bien, está destinada a revelarnos la fidelidad de Dios en medio de nuestra terrible situación.

—David Wilkerson (1931-2011)

A Eliseo se le dio un ministerio muy amplio, tanto como pueda uno imaginarse. En 2 Reyes 3 se habla de jefes de estado, de reyes, de acontecimientos nacionales. Lo que él hizo en 2 Reyes 3 fue salvar a Israel de morir de hambre, derrotando a los moabitas.

En 2 Reyes 4 lo encontramos tratando con una persona en problemas; el Dios de las naciones es el Dios del individuo que sufre. Eso me recuerda una comparación entre Hechos 2 y Hechos 3. En Hechos 2, el evangelio llega a miles. En Hechos 3, Dios muestra compasión por un hombre. Pero el resultado es que se salvan miles.

Jesús dijo que el que es fiel en lo muy poco, también en lo mucho es fiel (Lucas 16:10).

En 2 Reyes 4 Eliseo trata con una viuda. Ella estaba vagamente relacionada con Eliseo, la esposa de un hombre de la compañía de los profetas (v. 1). "Usted sabe que él era fiel al Señor", le dice a Eliseo. Ella, en cierto modo, está poniendo a Eliseo en un aprieto, implícitamente argumentando que tiene derecho a algo de él. Por otra parte, él no la reprende. Eso muestra que Eliseo conocía al hombre que murió. Eso también deja ver que la mujer era de cierta clase: tenía acceso a Eliseo. A veces es útil estar conectado con alguien que tiene acceso a un recipiente soberano.

Tal vez sea como conocer a alguien que conoció a Billy Graham o al arzobispo de Canterbury.

El punto es que en 2 Reyes 3 Eliseo está tratando con naciones; en 2 Reyes 4:1-7 trata con alguien que tiene un problema personal. Era una viuda; su esposo fue un profeta, aunque de bajo perfil. Ella estaba enfrentando problemas financieros debido a la muerte de su esposo y las deudas que dejó. "El acreedor del hombre viene a llevarse a mis dos hijos como esclavos", le dice ella.

¿Cómo supones que Eliseo responda a esa viuda? ¿Cómo responde Dios a una persona que se encuentra en circunstancias desesperadas como esa? Podemos imaginarnos varias opciones:

- ¿Atacaría Dios al acreedor, lo mataría por tal crueldad? Vimos cómo mutilaron los osos a los muchachos que se burlaban de la calva de Eliseo.
- ¿Aconsejaría Eliseo a la mujer que le pidiera al acreedor que fuera razonable? Seguramente no era correcto que ese acreedor tomara a sus dos hijos como esclavos.
- ¿Haría Eliseo que la gente ayunara y orara para que ese despiadado acreedor no fuera tan cruel?
- ¿Recaudaría Eliseo una ofrenda para pagar las obligaciones financieras de esa mujer?

Esta historia es otro ejemplo de las impredecibles maneras de Dios. ¿Quién podría haber imaginado que Dios ayudaría a esa mujer en su situación con las instrucciones que le dio Eliseo? Esto es lo que él le dijo:

- Ella debe comenzar con lo que tiene: un poco de aceite.
- Ella debe pedirle a la gente frascos vacíos; sin duda, unos que no sean útiles para los vecinos.
- Ella no debe pedir dinero sino cosas que no sean importantes para los vecinos.

El resultado: Dios mismo interviene después de que ella obedece al profeta. Comienza con lo que tiene: un poco de aceite. Por lo tanto, agota sus recursos personales.

Ella podría haber argumentado: "Necesito ayuda; eso no va a resolver mi problema. ¿Qué van a significar para mí los frascos vacíos?". Pero no se quejó ni cuestionó; respetó la sabiduría del profeta, aunque puede que no le haya parecido sensato en ese momento.

¡La verdad es que la respuesta estaba justo delante de sus narices! Esa es la típica forma en que Dios nos trata. Nos plantea una solución que no tiene lógica en el momento. A Abraham le dijo que su simiente sería como las estrellas del cielo. Y he aquí, Abraham le creyó y su fe le fue contada por justicia (Génesis 15:6). Más tarde le dijo que sacrificara a su hijo Isaac. Eso no tenía sentido, pero Abraham obedeció. Como resultado, Dios le hizo un juramento. Esto demuestra que cuando confiamos en Dios en tiempos que no parecen lógicos —cuando Dios esconde su rostro—, es que ¡está tramando algo tremendo!

El mayor ejemplo de que Dios carece de toda lógica es cuando Jesús, su propio Hijo, murió en una cruz. Eso fue insensato. Agarró a Satanás por sorpresa. Era la manera de Dios vencer al mundo y al diablo, y —a la vez— salvarnos de nuestros pecados.

¿Por qué se le pidió a esa viuda que cerrara la puerta antes de verter aceite en las tinajas? No sé. Jesús hizo lo mismo justo antes de resucitar a uno de entre los muertos. Les pidió a todos que se fueran (Marcos 5:40). Tal vez Dios no quiere que profundicemos en lo milagroso, o lo sobrenatural, sino que mantengamos nuestros ojos en él y simplemente hagamos lo que nos dice.

Nadie estaba en la tumba vacía cuando Jesús resucitó; descubrieron que eso fue lo que sucedió, pero nadie vio cómo sucedió. Así también ocurrió cuando Jesús convirtió el agua en vino; nadie vio cómo se llenaron las tinajas, pero descubrieron que eso fue lo que sucedió (Juan 2:7-9).

¿Cuál es la explicación en el caso del aceite? ¿Cómo sabemos que no tenía suficiente aceite para llenar todas las tinajas? Quizás tenía galones del líquido en un recipiente grande. La única respuesta fue que tenía "un poco de aceite", así que no había suficiente para llenar varios frascos. La declaración más llamativa es esta, que se encuentra en el versículo 6: "el aceite dejó de fluir". "Fluir" es una referencia a lo milagroso. Cuando agotó todos los frascos, "el aceite dejó de fluir".

El resultado final: ¡Dios le proporcionó una forma en la que podía ganar dinero! Él intervino para hacer lo que la viuda nunca hubiera pensado. Y, sin embargo, la respuesta estaba justo delante de sus narices.

Ella no podía fabricar aceite. Hizo lo que pudo con lo que tenía; Dios hizo el resto. Dios no hizo que el dinero creciera en los árboles. Ella no fue a mendigar dinero; le dijeron cómo podía ganarlo y luego usarlo para pagar sus deudas.

Este es un recordatorio del maná en el desierto. Fue un alimento milagroso, pero terminó cuando ya no lo necesitaban:

> Al día siguiente, después de la Pascua, el pueblo empezó a alimentarse de los productos de la tierra, de panes sin levadura y de trigo tostado. Desde ese momento dejó de caer maná, y durante todo ese año el pueblo se alimentó de los frutos de la tierra.
>
> —Josué 5:11-12

¿Qué aprendemos de este relato?

- Dios cuida de las viudas (Santiago 1:27).
- Debemos usar lo que tenemos antes de pedirle a Dios más.
- Dios se preocupa por nuestras finanzas.

- No hay ningún indicio legal en esta historia. Se trata de una viuda; ¿no tiene derecho a un trato especial? Yo lo habría pensado. Pero no hay que ceder a la autocompasión. Ella iba a aprender cómo ganar algo de dinero.
- El Dios de los milagros nos enseña cómo podemos sobrevivir cuando tomamos lo que tenemos y lo vemos a él hacer el resto.
- Dios no quería que la viuda perdiera a sus dos hijos. Ellos eran vitales para su supervivencia y su bienestar.
- Dios se preocupa por las familias.
- Hay personas despiadadas que solo se preocupan por el dinero y no se interesan por las viudas, ni por las madres solteras, con niños pequeños.
- Esta es una señal de la depravación del corazón humano.
- ¿Cómo podría un acreedor sacar a dos niños de su hogar? Considera lo que le haría a la madre con el corazón quebrantado, lo que les haría a los chicos.
- Este es un sombrío recordatorio de la esclavitud humana en el mundo de hoy. ¿Cómo puede la gente ser tan cruel? Solo piensan en el dinero para sí mismos. Los que venden drogas solo piensan en ellos.
- Misterio: ¿Por qué Dios se lleva a un padre o esposo que le sirve a él? ¿Por qué Dios toma a un siervo suyo cuando la familia lo necesita tanto? Tengo un ejemplo personal: mi madre murió el 8 de abril de 1953, a la edad de cuarenta y tres años; yo tenía diecisiete ¿Por qué? No lo sé.
- La mujer llamó la atención de Eliseo cuando sollozaba. Las lágrimas llamaron la atención de Eliseo. En 2 Reyes 20:5 tenemos la primera referencia explícita a "lágrimas". Las lágrimas llamaron la atención de Dios. Las lágrimas llamaron la

atención de Jesús. Él le dijo a la viuda que acababa de perder a su único hijo: "No llores" (Lucas 7:13). Mi amigo Ernie Reisinger (ahora en el cielo) contó cómo un hombre con el que trabajaba, Elmer, tenía lágrimas en los ojos cuando le testificó de Cristo. Las lágrimas nos dan una pausa.

El que llorando esparce la semilla, cantando recoge sus gavillas.

—Salmos 126:6

Se podría decir que en el fondo de toda esta historia está la viuda llorando. Ella se dirigió a Eliseo porque esperaba que, de alguna manera, algún hombre de Dios supiera cuál sería el próximo paso a dar en su vida. Ella sabía que Eliseo estaba en contacto con Dios. Él era la única esperanza que tenía. La primera respuesta de Eliseo fue una pregunta: "¿Cómo puedo ayudarte?". Y luego respondió a su propia interrogante mientras pensaba en el asunto con otra pregunta para ella: "¿Qué tienes en tu casa?". ¿A cuántas personas se les habría ocurrido hacer una pregunta como esa? Lo más probable es que Eliseo no supiera a dónde lo conduciría su propia pregunta; iba paso a paso.

¿Quién hubiera pensado que "un poco de aceite" sería la solución?

A veces, lo que está justo delante de nuestras narices es el siguiente paso para resolver nuestro problema.

Eso quizás requirió un poco de descaro o audacia por parte de la viuda: imagínate, tener que pedirles frascos vacíos a los vecinos. Pero el profeta le dijo: "No pidas unos pocos". Eso era un indicio de que Eliseo sabía a dónde iba con todo eso. Quizás Eliseo estaba "probando" al principio; no sabía lo que encontraría.

Volviendo a la pregunta, ¿por qué hizo eso después de cerrar la puerta detrás de ella y sus hijos? Tal vez era solo para que ella viera la obra de Dios y supiera cuánto la amaba. O tal vez fue para evitar que otros vieran cuánto aceite terminaría teniendo: su pequeña cuenta de ahorros personal. ¿Cómo debe haber sido verter el aceite que se estaba creando ante sus propios ojos? A veces Dios quiere mostrarle su poder a una sola persona.

Esta historia demuestra la dignidad del individuo y la del trabajo. No había ningún indicio de que la viuda esperara que Eliseo le diera el dinero. Muchos hoy quieren una limosna; quieren que todo se les dé.

Hay injusticias en este mundo. "La vida no es justa", dijo John F. Kennedy (1917-1963). Esta historia de 2 Reyes 4 es un ejemplo perfecto: una viuda quedó con las deudas de su esposo. Entonces un acreedor despiadado se aprovechó de ella. Algunas personas se salen con la suya mediante asesinato; la gente compra a los jueces; hay personas hambrientas, individuos sin hogar, elementos con discapacidades, con enfermedades, personas que padecen dolor. Hay gente piadosa que sufre. Los cristianos están siendo perseguidos en muchos lugares del mundo. Esto me lleva a Apocalipsis 6:10:

> Gritaban a gran voz: "¿Hasta cuándo, Soberano Señor, santo y veraz, seguirás sin juzgar a los habitantes de la tierra y sin vengar nuestra muerte?".

Este relato de Eliseo muestra que las personas recurren a los piadosos en busca de respuestas. Debemos esperar que el mundo se dirija a nosotros, por lo que deberíamos tener respuestas.

> Estén siempre preparados para responder a todo el que les pida razón de la esperanza que hay en ustedes.
> —1 Pedro 3:15

El hombre de Dios más reconocido en ese momento era Eliseo. La gente espera que un hombre de Dios sepa qué hacer. ¿Qué se supone que debe saber Eliseo sobre un problema como ese?

Sí, la gente acudirá a nosotros, por injusto que parezca, para que le expliquemos lo que está pasando en el mundo. Tenemos la promesa de que cuando seamos llamados a dar consejo, a los jefes de estado, por ejemplo, no pensemos en lo que vamos a decir, sino que confiemos en que Dios nos dará las palabras, como en Mateo 10:20. Aunque ese versículo se refiere a que las personas perseguidas tienen que defender su fe, muestra la disposición de Dios para ayudarnos a tener respuestas cuando se nos ponga en aprietos.

Eliseo, creo, estaba buscando una respuesta sobre qué hacer a continuación al preguntarle a la viuda con el corazón roto: "¿Qué *tienes*?".

"Un poco de aceite".

Dios guio a Eliseo paso a paso. Nuestro Señor conoce el camino a través del desierto; todo lo que tenemos que hacer es seguir.

Las respuestas a nuestros problemas a menudo están delante de nuestras narices.

¿Qué tienes? ¿Un poco de aceite? ¿Estás desesperado en este momento? ¿Estás a punto de rendirte? ¿Será que lo que tienes, por insignificante que parezca, es el siguiente paso para resolver tu dilema? Dios le dijo a Moisés: "¿Qué es eso que tienes en la mano?". A lo que este respondió: una vara (Éxodo 4:2). Esa vara guiaría el camino a través del desierto. Cuando los egipcios hicieron un intento más por derrotar a los israelitas, Dios dijo: "Levanta tu vara y extiende tu mano sobre el mar" (Éxodo 14:16). Así mismo pasó con Eliseo: "Vende tu aceite y paga tus deudas, y tú y tus hijos tendrán suficiente para vivir". ¡Nadie hubiera pensado en eso! Eso fue mejor que darle dinero a la viuda. Ella no tuvo que rogar. Mantuvo su dignidad.

Dios hará lo mismo por ti. ¿Qué tienes en tu mano? ¿Qué tienes? ¿Un poco de aceite?

Tienes un don que nadie más posee. Cuando te hizo, Dios rompió el molde. No imites a nadie más; Dios te hizo como eres con un propósito.

Lo que está al frente de tu nariz, a menudo, te llevará al siguiente paso. Te cuidará a partir de ahora.

CAPÍTULO 6

CUANDO DIOS DECIDE CONSENTIRNOS

Eliseo le preguntó a Guiezi:

—¿Qué puedo hacer por ella?

—Bueno —contestó el siervo— ella no tiene hijos, y su esposo ya es anciano.

—Llámala —ordenó Eliseo.

Guiezi la llamó, y ella se detuvo en la puerta. Entonces Eliseo le prometió:

—El año que viene, por esta fecha, estarás abrazando a un hijo.

—¡No, mi señor, hombre de Dios! —exclamó ella—. No engañe usted a su servidora.

En efecto, la mujer quedó embarazada. Y al año siguiente, por esa misma fecha, dio a luz un hijo, tal como Eliseo se lo había dicho.

—2 Reyes 4:14-17

Dios no me bendijo con el éxito para que pudiera comer caviar todos los días.

—Kathy Lee Gifford

En esta parte de la vida de Eliseo vemos otra dimensión: Dios se interesa en el bienestar de los ricos. Aquí tenemos un ejemplo de una mujer acaudalada que estaba casada con un hombre mucho mayor. Ella vivía en un área a la que Eliseo viajaba con frecuencia.

Habiendo recalcado en un mensaje anterior que debemos contentarnos con que nuestra necesidad sea suplida, y no buscar comodidades o lujos, en este capítulo vemos que Dios les da a algunas personas no solo comodidades, sino lujos. Dios provee de riquezas a algunos de los suyos. La mujer sunamita es prueba de ello. Abraham era rico (Génesis 13:2) y también José de Arimatea (Mateo 27:57). Lidia era vendedora de púrpura (Hechos 16:14).

Veamos el telón de fondo de esta historia:

> Un día, cuando Eliseo pasaba por Sunén, cierta mujer de buena posición le insistió que comiera en su casa. Desde entonces, siempre que pasaba por ese pueblo, comía allí. La mujer le dijo a su esposo: "Mira, yo estoy segura de que este hombre que siempre nos visita es un santo hombre de Dios. Hagámosle un cuarto en la azotea, y pongámosle allí una cama, una mesa con una silla, y una lámpara. De ese modo, cuando nos visite, tendrá un lugar donde quedarse".
>
> En cierta ocasión Eliseo llegó, fue a su cuarto y se acostó. Luego le dijo a su criado Guiezi:
>
> —Llama a la señora.
>
> El criado así lo hizo, y ella se presentó. Entonces Eliseo le dijo a Guiezi:
>
> —Dile a la señora: "¡Te has tomado muchas molestias por nosotros! ¿Qué puedo hacer por ti? ¿Quieres que le hable al rey o al jefe del ejército en tu favor?".
>
> Pero ella le respondió:
>
> —Yo vivo segura en medio de mi pueblo.
>
> —2 Reyes 4:8-13

Los personajes de esta historia son una sunamita rica y Eliseo. Esto es lo que sabemos sobre la mujer: no solo era rica, sino que invitó a Eliseo a su casa a comer cuando pasaba cerca. Ella le sugirió a su esposo que construyeran una habitación para Eliseo en su azotea y le proporcionaran una cama, una lámpara, una mesa y una silla para que el profeta la usara cuando estuviera por allí. Se refirió a Eliseo como a un hombre santo de Dios. Además, afirmó habitar entre su propia gente. Con eso quería decir que no se molestaba con reyes y jefes de estado por favores. Eliseo quería saber si ella quería algún tipo de ayuda. Es probable que alguien dijera: "¡Qué vergüenza Eliseo!", por sugerir tal cosa. En cualquier caso, eso muestra que Eliseo tenía influencia en las altas esferas del poder; por lo que pensó que podría aprovechar eso para beneficio de la sunamita. Pero no, aunque en cierto sentido aquello representaba un desplante, fue ¡oportuno para Eliseo!

Resultó que la mujer no tenía hijos. ¿Sabes lo que significa no tener hijos para una mujer de esa época? ¿No tener hijos y quererlos?

Así que Eliseo profetizó que la mujer tendría un hijo en el lapso de un año. A lo que ella respondió vacilante: "No le mientas a tu sierva". Aunque ella no pretendía ser descortés; tampoco quería hacerse ilusiones.

Lo que sabemos sobre Eliseo, a estas alturas, es que viajaba a menudo a Sunén, un pueblo al norte de Israel. Solo se detenía allí, cuando estaba en la región, para alimentarse. De modo que un día fue a ese lugar para descansar. Por eso le pidió a su sirviente, Guiezi, que llamara a la dama. Y le ordenó que averiguara qué podría él hacer por ella. Eliseo pensó en algo como hablarle al rey, de parte de la dama. O quizás al comandante del ejército, si es que necesitaba algún favor especial de las autoridades. Insisto, eso muestra que Eliseo tenía influencia entre las autoridades gobernantes. Así que volvió a preguntarle a Guiezi: "¿Qué se puede hacer por ella?".

Guiezi descubrió que la mujer no tenía hijos y que su marido era anciano. Entonces el profeta le ordenó a Guiezi que la llamara. Mientras ella estaba de pie en la puerta, Eliseo le profetizó que tendría un hijo en un año. La profecía de Eliseo se cumplió; ella dio a luz a su hijo un año después.

Ahora bien, ¿cuál es la importancia de esta historia? En primer lugar, este relato muestra que Dios se preocupa por los pobres, pero también se interesa en los ricos. Además, a veces Dios quiere consentirnos. Por eso consintió a la sunamita con riquezas. Y esta hizo lo mismo con Eliseo, a través de lo que podía hacer por él.

Puede parecer que las personas ricas tienen todo lo que necesitan, pero no tienen todo lo que quieren: esta familia no tenía hijos, pero ansiaba tener uno.

En segundo lugar, esta historia revela una demostración de gratitud mutua. La sunamita quería mostrar agradecimiento a Eliseo. Mientras que este quería retribuirle a la sunamita por su bondad con él.

En tercer lugar, la narración muestra que Dios es el autor de la vida; que él es el que da hijos.

Cuarto, este relato sobre Eliseo muestra que Dios puede dar profecías transformadoras. También manifiesta uno de los misterios de las profecías: Eliseo pudo ver que la sunamita iba a tener un hijo al año siguiente. Aquí surge una pregunta interesante: En cualquier caso, ¿*iba* a tener ella un bebé, un año después, y Eliseo simplemente presintió eso o su profecía hizo aquello realidad? ¿O acaso inspiró la profecía a la mujer y a su esposo a creer que ello podría suceder?

Esta historia también muestra que los ricos tienen una responsabilidad. Deben ser generosos para dar a la obra del Señor. En lo particular, creo en el diezmo. Y pienso que todas las personas deben diezmar. Tristemente, sé por experiencia que pocas personas ricas diezman. Lo cierto es que deberían estar dando más que el diezmo. Y deben intentar bendecir las causas piadosas.

Los líderes también tienen una gran responsabilidad, una no siempre apreciada. Tienen que ser irreprochables. Eso incluye que no deben tratar de halagar a los ricos para obtener favores. Veamos lo que dice Santiago:

> Hermanos míos, no pretendan muchos de ustedes ser maestros, pues, como saben, seremos juzgados con más severidad. Todos fallamos mucho. Si alguien nunca falla en lo que dice, es una persona perfecta, capaz también de controlar todo su cuerpo.
>
> —Santiago 3:1-2

Es oportuno que las mujeres sunamitas de este mundo quieran hacer por la gente piadosa lo que no pueden hacer por sí mismas. Cuidar de un ministro a veces muestra dos extremos: (1) hay quienes temen ser demasiado buenos con su ministro; (2) hay quienes sienten que no pueden hacer lo suficiente.

La sunamita rica quería halagar a Eliseo. No había nada de malo en eso; a Dios a veces le gusta consentir a sus hijos.

Es posible que lo más esencial que aprendamos de este relato es la importancia de la gratitud. Nunca olvidaré, mientras viva, lo que me pasó cuando estaba predicando sobre Filipenses 4:6:

> No se inquieten por nada; más bien, en toda ocasión, con oración y ruego, presenten sus peticiones a Dios y denle gracias.

Justo en medio de la exposición del sermón, el Espíritu Santo me convenció de mi propia ingratitud. Nunca, en mi ministerio, me había pasado algo así cuando predicaba, ni desde entonces. (Desearía que sucediera más a menudo). Fue como si toda mi vida se pusiera ante mí, con Dios mostrándome lo completamente desagradecido que había sido. Así que, después del sermón, fui a mi oficina, caí de rodillas y prometí que a partir de ese día sería un hombre agradecido. Puedo decir francamente que es un voto que he cumplido.

Los salmos están llenos de alabanza y gratitud. Un artículo de la Clínica Mayo afirma que el corazón agradecido aumenta la longevidad.[1] Dicho de otra manera: las personas agradecidas viven más tiempo. Esto es lo que sé: Dios ama la gratitud; pero detesta la ingratitud. La gratitud (como en el caso del diezmo) debe ser enseñada. La ingratitud se enumera con los pecados más crueles en Romanos 1. Cuando Jesús sanó a los diez leprosos, solo uno regresó a darle las gracias. Su respuesta inmediata fue: "¿Dónde están los otros nueve?" (Lucas 17:17), que no se molestaron en decir gracias. Dios observa cuando no le damos las gracias.

Esta historia de Eliseo y la sunamita contiene otra profunda enseñanza: el misterio de la profecía. Es como la vieja pregunta: "¿Qué es primero: el huevo o la gallina?". Entonces, ¿qué viene primero, lo que Dios ya había decidido (lo predestinado) o lo que profetizó Eliseo?

Respondo: Dios conoce el fin desde el principio. La profecía de Eliseo no provocó el nacimiento del hijo. Dios ya había determinado el nacimiento de la criatura; a Eliseo se le dio el privilegio de anunciar el acontecimiento.

Esto es cierto con toda la profecía. La profecía no hace que las cosas sucedan. Dios es quien determina el fin desde el principio:

> Yo soy Dios, y no hay ningún otro, yo soy Dios, y no hay nadie igual a mí. Yo anuncio el fin desde el principio; desde los tiempos antiguos, lo que está por venir. Yo digo: Mi propósito se cumplirá, y haré todo lo que deseo.
>
> —Isaías 46:9-10

O como dijo San Agustín: un dios que no conoce el futuro no es Dios. La profecía se da básicamente por dos razones: (1) para animar y (2) para advertir. Permíteme que concluya este capítulo señalando estas seis verdades importantes:

1. No debemos despreciar el profetizar (1 Tesalonicenses 5:20).
2. Dios se preocupa por las personas que sufren, sean ricas o pobres.
3. No dejes de orar por lo que te pesa en el corazón.
4. Dios puede querer consentirte. Nada es imposible con él.
5. Dios ama la gratitud; pero detesta la ingratitud.
6. Pablo expresa la base de toda profecía verdadera: "¡Qué profundas son las riquezas de la sabiduría y del conocimiento de Dios! ¡Qué indescifrables sus juicios e impenetrables sus caminos!" (Romanos 11:33).

CAPÍTULO 7

Cuando a la gente buena le pasan cosas malas

Cuando Eliseo llegó a la casa, encontró al niño muerto, tendido sobre su cama. Entró al cuarto, cerró la puerta y oró al Señor. Luego subió a la cama y se tendió sobre el niño boca a boca, ojos a ojos y manos a manos, hasta que el cuerpo del niño empezó a entrar en calor. Eliseo se levantó y se puso a caminar de un lado a otro del cuarto, y luego volvió a tenderse sobre el niño. Esto lo hizo siete veces, al cabo de las cuales el niño estornudó y abrió los ojos. Entonces Eliseo le dijo a Guiezi:

—Llama a la señora.

Guiezi así lo hizo y, cuando la mujer llegó, Eliseo le dijo:

—Puedes llevarte a tu hijo.

Ella entró, se arrojó a los pies de Eliseo y se postró rostro en tierra.

Entonces tomó a su hijo y salió.

—2 Reyes 4:32-37

Me fijé que en esta vida la carrera no la ganan los más veloces, ni ganan la batalla los más valientes; que tampoco los sabios tienen qué comer, ni los inteligentes abundan en dinero, ni los instruidos gozan de simpatía, sino que a todos les llegan buenos y malos tiempos.

—Eclesiastés 9:11

No hay poder, ni acción ni movimiento errático en las criaturas, sino que están gobernadas por el secreto plan de Dios, de tal manera que nada sucede excepto lo que él —a sabiendas y voluntariamente— decreta.

—Juan Calvino (1509-1564)

Esta es una pregunta muy vieja: ¿Por qué a la gente mala le pasan cosas buenas y a la gente buena le pasan cosas malas? Esto se relaciona con el eterno problema del mal. ¿Por qué Dios creó al mundo sabiendo que la humanidad sufriría? Le pediría al lector que vea mi libro *Perdón total*. En ese libro menciono algo con respecto a la pregunta de por qué Dios permite el sufrimiento. Una respuesta es *para que podamos tener fe*. Si entendieras por qué Dios permite el mal y el sufrimiento, nunca necesitarías la fe. Dios ha decretado que la gente "crea" en su Hijo y en el evangelio al escuchar la predicación (1 Corintios 1:21). Pablo incluso llama "locura" a lo que se predica: que las personas deben confiar en la sangre de Jesucristo para ser salvos. Parece una tontería, pero es sabiduría divina. No siempre tendremos el privilegio de la fe; es solo en esta vida que tenemos la maravillosa invitación a creer en el evangelio. Después que mueran, todos van a creer en Dios.

Este capítulo trata sobre el hijo de la sunamita, que murió repentinamente y fue resucitado por el profeta Eliseo. Recuerda que este profeta predijo que la sunamita tendría un hijo dentro de un año; la profecía se cumplió. Pero, luego, el niño murió. La sunamita entonces acudió a Eliseo a toda prisa y le llevó a su hijo muerto. El profeta, misteriosamente, se coloca encima del niño siete veces hasta que el chico revive. Veamos el pasaje completo:

El niño creció, y un día salió a ver a su padre, que estaba con los segadores. De pronto exclamó:
—¡Ay, mi cabeza! ¡Me duele la cabeza!

El padre le ordenó a un criado:

—¡Llévaselo a su madre!

El criado lo cargó y se lo llevó a la madre, la cual lo tuvo en sus rodillas hasta el mediodía. A esa hora, el niño murió. Entonces ella subió, lo puso en la cama del hombre de Dios y, cerrando la puerta, salió. Después llamó a su esposo y le dijo:

—Préstame un criado y una burra; en seguida vuelvo. Voy de prisa a ver al hombre de Dios.

—¿Para qué vas a verlo hoy? —le preguntó su esposo—. No es día de luna nueva ni sábado.

—No importa —respondió ella.

Entonces hizo aparejar la burra y le ordenó al criado:

—¡Anda, vamos! No te detengas hasta que te lo diga.

La mujer se puso en marcha y llegó al monte Carmelo, donde estaba Eliseo, el hombre de Dios. Este la vio a lo lejos y le dijo a su criado Guiezi:

—¡Mira! Ahí viene la sunamita. Corre a recibirla y pregúntale cómo está ella, y cómo están su esposo y el niño.

El criado fue, y ella respondió que todos estaban bien. Pero luego fue a la montaña y se abrazó a los pies del hombre de Dios. Guiezi se acercó con el propósito de apartarla, pero el hombre de Dios intervino:

—¡Déjala! Está muy angustiada, y el SEÑOR me ha ocultado lo que pasa; no me ha dicho nada.

—Señor mío —le reclamó la mujer—, ¿acaso yo le pedí a usted un hijo? ¿No le rogué que no me engañara?

Eliseo le ordenó a Guiezi:

—Arréglate la ropa, toma mi bastón y ponte en camino. Si te encuentras con alguien, ni lo saludes; si alguien te saluda, no le respondas. Y, cuando llegues, coloca el bastón sobre la cara del niño. Pero la madre del niño exclamó:

—¡Le juro a usted que no lo dejaré solo! ¡Tan cierto como que el Señor y usted viven!

Así que Eliseo se levantó y fue con ella. Guiezi, que se había adelantado, llegó y colocó el bastón sobre la cara del niño, pero este no respondió ni dio ninguna señal de vida. Por tanto, Guiezi volvió para encontrarse con Eliseo y le dijo:

—El niño no despierta.

Cuando Eliseo llegó a la casa, encontró al niño muerto, tendido sobre su cama. Entró al cuarto, cerró la puerta y oró al Señor. Luego subió a la cama y se tendió sobre el niño boca a boca, ojos a ojos y manos a manos, hasta que el cuerpo del niño empezó a entrar en calor. Eliseo se levantó y se puso a caminar de un lado a otro del cuarto, y luego volvió a tenderse sobre el niño. Esto lo hizo siete veces, al cabo de las cuales el niño estornudó y abrió los ojos. Entonces Eliseo le dijo a Guiezi:

—Llama a la señora.

Guiezi así lo hizo y, cuando la mujer llegó, Eliseo le dijo:

—Puedes llevarte a tu hijo.

Ella entró, se arrojó a los pies de Eliseo y se postró rostro en tierra. Entonces tomó a su hijo y salió.

—2 Reyes 4:18-37

¿Por qué es importante este capítulo? Porque se corroboran varias cosas. Primero, examinaremos la situación que siguió al niño prometido cuando repentinamente se lo llevaron. Todo lo que la madre podía pensar era en involucrar a Eliseo. En esta historia surgen algunos rompecabezas; hay varias cosas que son difíciles de entender. En segundo lugar, esto nos permite vislumbrar el típico dolor de un profeta. La mayoría de la gente nunca ha pensado en esto. Sé que yo mismo no lo hice, es decir, hasta que me acerqué a algunas personas proféticas y vi la tortura por la que pasan cuando la gente se vuelve contra ellas. Tercero, es posible que hayas deseado un don profético, pero cuando veas por lo que a menudo pasa un profeta, podrías reevaluar tu aspiración. Esta historia muestra cómo se pone en aprietos a un profeta y cómo la gente quiere responsabilizarlo por la manera en que resultan las cosas. Nosotros —a los que nos alegra recibir una "palabra" de un profeta—, cuando las cosas toman un giro inesperado, somos los primeros en decir: "¿Qué vas a hacer al respecto?".

La persona que tiene un don profético aprende a cuidarse de darle a la gente una palabra; casi siempre prefieren esperar un poco más tarde. Todos somos insaciables cuando se trata de este tipo de cosas. Queremos más y más información. ¿Por qué no nos dicen más? La gente, de alguna manera, piensa que se supone que los profetas expliquen por qué y cuándo sucederán o no ciertas cosas.

La vida está llena de misterios. Algunos eventos terminan bien; otros no.

El relato en este capítulo terminó bien.

¿Podría haber alguien leyendo estas líneas que esté en medio de una crisis en este instante y no sabe cómo terminará? No todos los conflictos terminan bien, incluso para las personas piadosas. Hay momentos en que Dios parece traicionarnos.

Todos los hechos descritos en Hebreos 11 rompieron la "barrera de la traición". Eso significa que hubo momentos en las vidas de esos héroes de la fe en los que se sintieron traicionados por Dios, pensaron que Dios los defraudó. Martín Lutero enseñó que debes conocer a Dios como enemigo antes que como amigo. Casi todas los instrumentos soberanos, tarde o temprano, experimentan la traición. En algún momento a lo largo del camino, Dios parece un enemigo que trabaja contra nosotros más que a favor de nosotros. Así se sintió el profeta Habacuc (Habacuc 1:13).

Veamos el suceso: una situación difícil, desagradable o vergonzosa. Eliseo profetizó que esa señora tendría un hijo. Ella no le pidió ninguna profecía. Él se la extendió. La preocupación inmediata de ella surgió cuando él le profetizó: "No me hagas ilusionar", le dijo. La profecía se cumplió tal como indicó Eliseo. Pero después de un tiempo, el mismo niño murió repentinamente. Lo primero que le dijo la sunamita a Eliseo fue: "¿No te dije que no me ilusionaras?". Ella se enojó con Eliseo y quiso responsabilizarlo, aunque él no había hecho nada malo. De alguna manera se sintió con derecho a una explicación o que Eliseo corrigiera todo aquello, como si fuera responsabilidad de él. La sunamita cayó en la trampa que todos enfrentamos: el derecho que creemos tener. Cuando las cosas van mal, queremos culpar a Dios. A veces, esa sensación de derecho proviene de una teología defectuosa, como si Dios nos debiera algo. Eso surge de la creencia de que tenemos derecho a todas las cosas buenas, ya sea de parte de Dios, del gobierno o de las demás personas. Esto es individualismo al extremo. Es parte de la generación del "yo", la era de los que reclaman: "¿Qué hay para mí?". La verdad es que nadie tiene derecho; estamos expuestos a la misericordia del Señor en todo.

Así que disponte a esperar, trabajar y adorar al Dios que no tiene que responder a tu entera disposición.

En resumen, la sunamita se sintió con derecho a una explicación. Ella había sido amable con Eliseo, dándole una habitación y buena comida cada vez que él lo pedía; todo era idea suya. Por eso, Eliseo sintió que debía mostrarle su gratitud y le dio una palabra profética que ella no esperaba ¡ni creía! Pero su palabra se cumplió. Y, sin embargo, no era responsabilidad de Eliseo arreglar las cosas después de que el niño muriera.

Es probable que Eliseo no deseara haberle dicho aquella palabra profética. Quizá debió haber aceptado su generosidad sin sentirse impulsado a retribuirle el favor. Este es un recordatorio aleccionador de que a menudo hay inconvenientes en todas las relaciones. De hecho, muchas de ellas que empiezan de manera brillante luego se transforman en conflictos. Para ser sincero, a mí me ha sucedido más de lo que me hubiera gustado.

¿Estás enfrentando un aprieto en este momento? Quizás Dios te prometió un trabajo; lo conseguiste, pero luego te despidieron. Tal vez Dios te prometió que te sanaría, pero te enfermas de nuevo. Es posible que Dios te haya prometido un lugar mejor para vivir; lo conseguiste, pero las cosas se desmoronan una vez que tienes el nuevo hogar. Probablemente te prometió que encontrarías un cónyuge, pero el matrimonio fracasó.

Es un instinto natural sentir que Dios nos debe una explicación. Nos sentimos con derecho a que Dios arregle las cosas.

¿Qué pasa si las arregla? ¿O qué si no lo hace? ¿Qué vamos a hacer frente a situaciones como esa?

Esta parte de la historia de Eliseo está llena de acertijos. ¿Por qué Dios le dio un hijo a la sunamita y luego se lo quitó? ¿Qué tienen que ver las lunas nuevas o los sábados? ¿Por qué dijo: "Todo está bien", cuando ciertamente las cosas no lo estaban? ¿Por qué el Señor no le reveló a Eliseo lo que estaba pasando?

¿Por qué la mujer estaba en apuros? Él mismo no lo sabía hasta que ella se lo dijo. ¡Eso muestra que el profeta no lo sabe todo! Además, ¿por qué Eliseo se acostó encima del niño boca a boca, ojo a ojo?

No intentaré responder estas preguntas. La vida está llena de misterios. El nuevo creyente casi siempre se sumerge en un sufrimiento inexplicable después de que se convierte verdaderamente en cristiano. Es posible que haya imaginado que ser cristiano resolvería todos sus problemas. Ningún ministro, ningún evangelista, ni pastor ni maestro pensó en advertirle que se presentarían problemas dificilísimos. Todos tenemos muchas preguntas que queremos que nos respondan. Particularmente, tengo una lista de oración que incluye varios versículos de la Biblia que no entiendo. Hay muchas preguntas: ¿Por qué Dios hizo esto y no aquello? ¿Qué significa este o aquel versículo difícil de entender? ¿Por qué hay cosas en la Biblia que son imposibles de comprender para muchos de nosotros? Por ejemplo, ¿por qué existe el infierno? Si Dios no quiere que la gente vaya al infierno, ¿por qué no lo destruye? ¿Para qué lo creó entonces?

La sunamita sufría, perdió a su único hijo, el que tuvo por promesa profética. Como dije, esta historia muestra el dolor de Eliseo y cómo se le culpa —de manera implícita— y se le responsabiliza —injustamente— por la muerte del niño. La verdad es que la sunamita amaba a Eliseo y él a ella. Pero ella no tenía a nadie más a quien acudir. Él lo sabía. Por eso no la reprendió ni le dijo: "Ese no es mi problema".

Mientras escribía este libro la temperatura corporal mía subió repentinamente y me dio fiebre. Hablé con una persona que tiene un don profético indudable. Muchas de sus profecías, y sus cumplimientos, son absolutamente asombrosas. Lo llamé cuando la fiebre estaba muy alta y le pedí que orara por mí. Él me dijo: "No tienes COVID". Eso me alivió mucho. Pero mi médico nos convenció a Louise y a mí de que nos hiciéramos la prueba para asegurarnos de que estábamos completamente bien. Ambos salimos positivo. Los dos teníamos COVID. No quería decírselo, pero él me preguntó. El hecho de que Pablo dijo que "no desprecien las profecías" (1 Tesalonicenses 5:20) pero inmediatamente agregó: "sométanlo todo a prueba" (v. 21), es un claro indicio de que no todas las profecías han de ser exactas. El asunto es que, me atrevo a decirlo, todas las profecías de Elías y Eliseo eran absolutamente precisas. Este pasaje muestra que los profetas del Nuevo Testamento no necesariamente tienen la misma autoridad que los de la era del Antiguo Testamento. De hecho, el teólogo Wayne Grudem ha demostrado de manera convincente que los profetas del Antiguo Testamento fueron sucedidos por los apóstoles del Nuevo Testamento y que las advertencias en cuanto a profetizar (1 Corintios 14:1) no tienen la intención de animarnos a pensar que podemos ser un Eliseo.

En cuanto a Eliseo, este estaba muy ansioso por acudir al rescate de la sunamita. Algunas cosas siguen siendo un misterio: ¿Por qué Eliseo no sabía que el hijo de la sunamita había muerto? Parecería razonable pensar que Dios se lo diría primero. Pero no fue así. ¿Por qué su vara no sanó al hijo fallecido, como le ordenó Eliseo a Guiezi? ¿Por qué el profeta tuvo que hacer lo que parece ser resucitación boca a boca antes de que el niño volviera a la vida? Algunas cosas obviamente están destinadas a seguir siendo un misterio. Se podría hacer el mismo tipo de pregunta acerca de las diversas maneras en que Jesús sanaba a las personas. Unos fueron sanados a control remoto —podríamos decir—, mientras que otros sanaron cuando él estaba físicamente presente.

Por tanto, apelo a Isaías:

> Porque mis pensamientos no son los de ustedes, ni sus caminos son los míos —afirma el Señor—. Mis caminos y mis pensamientos son más altos que los de ustedes; ¡más altos que los cielos sobre la tierra!
>
> —Isaías 55:8-9

¿Qué debe hacer una persona inteligente, razonable, sensata y sincera? Respondo: *opta por creer en la Biblia, aunque no obtengas respuestas a todas tus preguntas*.

Esta historia tiene un paréntesis; en el versículo 26, encontramos tres preguntas: (1) ¿Cómo está ella? (2) ¿Está bien su esposo? (3) ¿Está bien su hijo? Eliseo hizo estas preguntas porque no sabía las respuestas.

Y, sin embargo, el relato muestra cómo Dios sabe por lo que estamos pasando.

Nada le es oculto (Hebreos 4:13). En este mundo tendremos problemas. Jesús lo aseguró (Juan 16:33). ¡Evitemos a la gente necia que afirma que siempre debemos tener victoria, que todas nuestras oraciones serán respondidas y que siempre seremos sanados; esos que pregonan que si algo no es bueno, es del diablo! Tal enseñanza es una completa tontería, esas personas tienen mucho por lo cual responder. Tal exposición ya ha comenzado. Esta vida no es todo lo que vemos. Estamos en nuestro camino al cielo. Es allí donde no habrá sufrimiento ni llanto (Apocalipsis 21:4).

Así que cuando creas que Dios parece traicionarte, ¡felicidades! Esta palabra "felicidades", es una traducción válida —si no la mejor—, del vocablo griego *makarios,* que también se traduce como "bendito". Ser bendito es lo mismo que ser "feliz", verdaderamente. La Biblia afirma que "Bienaventurados los que lloran, porque ellos serán consolados" (Mateo 5:4). ¿Eres perseguido? (Mateo 5:11). *¡Felicidades!* Has sido promovido a las grandes ligas. Dios tiene un plan especial para ti. A las personas piadosas les pasan cosas malas.

Pero eso no se acaba sino hasta que Dios lo decide.

CAPÍTULO 8

MUERTE EN LA OLLA

Eliseo volvió a Gilgal cuando había una grande hambre en la tierra. Y los hijos de los profetas estaban con él, por lo que dijo a su criado: Pon una olla grande, y haz potaje para los hijos de los profetas. Y salió uno al campo a recoger hierbas, y halló una como parra montés, y de ella llenó su falda de calabazas silvestres; y volvió, y las cortó en la olla del potaje, pues no sabía lo que era. Después sirvió para que comieran los hombres; pero sucedió que comiendo ellos de aquel guisado, gritaron diciendo: ¡Varón de Dios, hay muerte en esa olla! Y no lo pudieron comer. Él entonces dijo: Traed harina. Y la esparció en la olla, y dijo: Da de comer a la gente. Y no hubo más mal en la olla.

—2 Reyes 4:38-41 RVR1960

Una iglesia impía es inservible para el mundo y de ninguna estima entre los hombres. Constituye, más bien, una abominación; es la burla del infierno y el horror del cielo. Los peores males que le han sobrevenido al mundo se los ha traído una iglesia impía.

—Charles H. Spurgeon

Este relato contiene otro de los milagros de Eliseo. Hay una hambruna en la región y un grupo de profetas se han reunido para que su mentor, Eliseo, los instruya. Aparentemente él es el responsable de alimentarlos. Uno de los profetas, con la intención de ayudar, recoge algunas hierbas y calabazas silvestres, las corta en trozos y las pone en el guiso que Eliseo ordena preparar. Tan pronto como los profetas lo prueban, exclaman: "¡Hay muerte en esa olla!".

Eliseo no se asusta, y agrega harina en la olla; luego, todos comen el guiso sin padecer ningún daño.

Hay dos formas de lidiar con este incidente en la vida y el ministerio de Eliseo. La primera sería tratar el relato desde una perspectiva histórica para mostrar que, así como Eliseo puso sal en el agua para purificarla, también pone harina en la sopa venenosa para hacerla inofensiva. Había hambre en la región de Gilgal pero, al parecer, no de oír la palabra del Señor con Eliseo y los profetas alrededor. Es maravilloso cuando se escucha la palabra del Señor. No debemos suponer que todos están saciados de la palabra del Señor; hay lugares en el mundo que les encantaría tener un ministerio de la Palabra y donde se predique el evangelio. Por tanto, debemos orar por más predicación del evangelio, que Dios difunda la Palabra y aumente el número de creyentes.

Gilgal era un lugar especial para Eliseo. Aun cuando la presencia de Dios está en todas partes, todos tenemos lugares especiales. La escuela de los profetas de Eliseo se convirtió en el nombre que Charles Spurgeon usaría para su escuela, en la que buscaba entrenar ministros para predicar el evangelio.

¿Qué era la muerte en la olla? Era un poco de veneno que mataría al que lo consumiera. Matthew Henry dijo acerca de esos profetas que "conocían sus Biblias, pero no sus pastos".

Sus papilas gustativas eran buenas; de lo contrario, habrían muerto por el guiso. La referencia a "hijos de los profetas" plantea la cuestión de si el don de profecía se puede heredar. Aparentemente hay algo hereditario en algunos profetas. Amós dijo que no era profeta ni hijo de profeta (Amós 7:14). El difunto Paul Cain (1929-2019), a quien conocí bien, a menudo hablaba de su madre y su abuela, de las cuales afirmaba que fueron mujeres que tenían el don de profecía.

Es interesante notar que Eliseo no sugiera que botaran el guiso dañado, sino que le agregara harina para arreglarlo. Así como la sal había curado el agua impura en un milagro anterior, ahora se agregó harina, algunas versiones dicen fécula. Sin embargo, el guiso quedó listo para comer.

Pasamos ahora a una segunda perspectiva de este milagro: su significado profético o alegórico. Este es el enfoque más usual que se ha aplicado a este pasaje. No había nada en la apariencia del guiso que pareciera peligroso. A veces, una comida puede parecer apetecible y deliciosa, sobre todo si tienes hambre. Pero si la ingieres, puede provocarte enfermedades por intoxicación alimentaria, o incluso la muerte. El equivalente en lo espiritual es probar lo que es diferente o extraño; si no lo reconoces, puede llevarte a un envenenamiento espiritual que te cause hasta la muerte.

En base a esto podemos aprender que cuando la gente buena participa de algo aparentemente inocuo —y no lo es—, puede ser peligroso si no lo detecta a tiempo. Se requiere que las "papilas gustativas espirituales" sean perspicaces y capaces de detectar lo malo o perjudicial. "Las zorras pequeñas arruinan nuestros viñedos" (ver Cantares 2:15). Es como un avión que sale de Nueva York hacia Londres y se desvía un minuto. Si no se detecta, la aeronave estará dando vueltas alrededor de España en vez de Londres, seis horas después.

Por ejemplo, he pasado los últimos tiempos advirtiéndole a la gente sobre el peligro de una enseñanza llamada teísmo abierto. Unos me escuchan, otros no. Esa instrucción surge de la idea de que Dios quiere nuestra opinión para saber lo que debe hacer. Se basa en la noción de que (1) Dios no conoce el futuro sino solo el presente y (2) no tiene voluntad propia, sino que depende de nuestra cooperación con él para saber cuál es su voluntad. Esta enseñanza es peligrosa. En realidad, es *seudocristiana*. Pero ha tomado por asalto a millones, aunque la mayoría ni siquiera conoce la expresión *teísmo abierto*.

El teísmo abierto es un ejemplo de "muerte en la olla". Ya circula en muchos seminarios e instituciones educativas cristianas. Lo mantienen los liberales, pero también muchos que han sido evangélicos. Aunque es una teología común entre los liberales, hay los que creen en el nacimiento virginal, los que creen en la resurrección de Jesús, pero han abrazado el teísmo abierto sin saberlo. Conocidos predicadores, eruditos y teólogos están enseñando esto. El *teísmo abierto* está a un paso del ateísmo y prácticamente es lo mismo que el panteísmo.

La enseñanza de "decrétalo y reclámalo" surge de este tipo de pensamiento. Quienes lo propagan enseñan que debemos reclamar lo que queremos y aferrarnos a ello: obligamos a Dios a hacer lo que le decimos. Esa enseñanza se empeña en cambiar la voluntad de Dios en vez de descubrir cuál es su voluntad. Está totalmente enfocada en el hombre y ha eliminado cualquier posibilidad de creer en la soberanía de Dios.

En la década de 1960, un conocido bautista del sur exhortó acertadamente en cuanto a aquellos que enseñaban que los primeros once capítulos de Génesis no son históricos. Advirtió al respecto porque algunos profesores de seminario estaban enseñando que el jardín de Edén no era un lugar ubicado en el mapa; y que la caída del hombre tampoco tiene fecha en la historia. Predicó un famoso sermón al que llamó "Muerte en la olla".

En lo particular, estoy haciendo lo mejor que puedo para enseñar y predicar esto en los días que me quedan en la tierra ministrando, ya sea a personas de la Palabra o espirituales, trátese de carismáticos o evangélicos. Gimo, con todo mi corazón, para que la gente reconozca la "muerte en la olla". Eso conduce a lo que Charles Spurgeon llamó "una iglesia impía". A nivel natural debemos cuidar lo que comemos, lo que bebemos, lo que vemos en la televisión; también debemos cuidar nuestro entretenimiento y la música que escuchamos. Deberíamos poder probar solo un "sorbo" o un pequeño "mordisco" de algo y saber si continuar consumiéndolo. Los profetas captaron el guiso venenoso en el último momento. En mi propio caso, estoy agradecido por haberme librado de absorber enseñanzas liberales (como la *neoortodoxia*, el *barthianismo*, el *teísmo abierto* y otras similares) después de haber probado un pequeño "bocado". Eso me ha permitido desarrollar un radar teológico que puede detectar la herejía cuando se presenta.

Lo que es interesante —aunque no necesariamente fácil de aplicar— es cómo Dios escogió lidiar con la situación negativa en Gilgal en esa cena para los profetas. No trató lo dañino en una forma extremadamente negativa. Lo que quiero decir es lo siguiente. Eliseo no hizo que los hombres desecharan el guiso, al contrario, les pidió que le agregaran un ingrediente. Harina. Fécula. Si puedo aplicar esto a mi caso personal, diría que agradezco a Dios por mi educación. Porque aprendí lo que pude con los profesores más liberales que tuve en mi antiguo seminario, aunque parezca extraño. Algunos de los más liberales de ellos me impulsaron a estudiar en Oxford. Si hubiera sido radicalmente negativo y criticón, podría haber ganado la batalla, pero perdido la guerra.

Cuando se trata de aquellos cuya teología se opone a la nuestra, nuestro deber es amarlos, orar por ellos y agradecer a Dios por el bien que realmente pueden hacer sin que lo sepan. Agreguemos harina a la olla.

¿Hay algún equivalente de esa clase de "muerte en la olla" aparte de lo teológico? Sí lo hay. Cuando alguien, en la iglesia, cede al pecado —debido a quejas, oposición, celos, falta de compromiso y rencor, entre otras cosas— debemos ser tiernos con esa persona. Si creemos que alguien ha caído en un pecado cualquiera, debemos hacer lo que podamos para restaurar a esa persona con un espíritu de profunda humildad, considerando nuestra propia debilidad para no ser los próximos en caer (Gálatas 6:1).

Si en tu hogar hay infidelidad, rencores, anotas los errores, no oras constantemente ni lees la Biblia, administras mal el dinero o cometes algún otro fallo, échale "harina" a esa olla. Esa harina puede ser representada por la paciencia, la bondad; y, más aun, desecha las críticas mordaces. En tu matrimonio, si usas el dedo índice constantemente para señalar a tu cónyuge, si llevas un registro de las faltas que cometen uno contra otro o te quejas por todo, trata de romper esa "lista de pecados" con la receta de 1 Corintios 13:4-6. Cuando captes que hay muerte en la olla, busca ayuda. Eso puede implicar la búsqueda de asesoramiento profesional. Eso hice durante varios meses cuando estaba en la Capilla de Westminster. Nuestro matrimonio estaba bajo tensión. Buscamos ayuda. Eso marcó la diferencia.

¿Cómo debes tratar con la "muerte en la olla"? Mi consejo es el siguiente: a menos que Dios intervenga soberanamente, prueba con amor. Sensibilidad. Compasión. Comprensión. "Cada persona es digna de ser comprendida", dijo Clyde Narramore (1916-2015).

Plantéate esta pregunta: ¿Quiero que Dios envíe juicio? ¿O quiero un avivamiento? Espera y ora por esto último.

CAPÍTULO 9

LO NUEVO Y DIFERENTE

De Baal Salisá llegó alguien que le llevaba al hombre de
Dios pan de los primeros frutos: veinte panes de cebada y
espigas de trigo fresco. Eliseo le dijo a su criado:

—Dale de comer a la gente.

—¿Cómo voy a alimentar a cien personas con esto?
—replicó el criado.

Pero Eliseo insistió:

—Dale de comer a la gente, pues *así dice el* SEÑOR:
"Comerán y habrá de sobra".

Entonces el criado les sirvió el pan y, conforme a la
palabra del SEÑOR, *la gente comió y hubo de sobra.*

—2 Reyes 4:42-44

Tal vez te preguntes: "¿Cómo podré reconocer un mensaje
que no provenga del SEÑOR?". Si lo que el profeta procla-
me en nombre del SEÑOR no se cumple ni se realiza, será
señal de que su mensaje no proviene del SEÑOR. Ese profeta habrá hablado con presunción. No le temas.

—Deuteronomio 18:21-22

Dos caminos se bifurcaban en un bosque, y yo —yo tomé
el camino menos transitado. Eso es lo que ha hecho toda
la diferencia.

—Roberto Frost (1874-1963)

Fui vendedor de aspiradoras a domicilio. El parlamento que usaba para entrar a la casa de alguien y hacerle una demostración de mi producto era: "Vengo a mostrarle algo nuevo y diferente para su hogar". Esa noción de nuevo y diferente atraía a algunas personas.

¿Estás abierto a lo nuevo y diferente? ¿O solo a lo viejo y lo usual?

Este capítulo trata acerca de otro milagro en la vida de Eliseo, una extensión del relato anterior sobre la "muerte en la olla". Lo más probable es que esto fuera parte del mismo suceso, que duró más de un día, con respecto a los cien profetas. Alguien probablemente llevó más comida para alimentar a los profetas durante el tiempo que estuvieron juntos. El problema, sin embargo, era que no había suficiente comida para alimentar a cien hombres.

Aunque no había suficiente comida, Eliseo intervino y les ordenó que comieran lo que había allí. De modo que profetizó: "Entonces el criado les sirvió el pan y, conforme a la palabra del Señor, la gente comió y hubo de sobra". Este fue un pronunciamiento audaz, sin precedentes en la historia bíblica. Cientos de años después, Jesús hizo el mismo tipo de milagro dos veces (Mateo 14:13-21; 15:32-39), pero cuando Eliseo lo hizo fue algo novedoso y diferente. Aun cuando en los días de Moisés los hijos de Israel fueron sustentados con alimentos sobrenaturales, como el "maná" (Éxodo 16:15-21), no había antecedentes de que los alimentos naturales se multiplicaran. Esta audaz profecía se cumplió: "la gente comió y hubo de sobra" (2 Reyes 4:44).

Escuché a la misionera Heidi Baker contar una historia asombrosa; ella y su esposo, Rolland, presenciaron prácticamente lo mismo en Mozambique. Ellos invitaron a cenar a una docena de personas a su casa. ¡Aparecieron cuarenta! ¿Qué iban a hacer? Vieron a Dios multiplicar la comida mientras comían y todos consumieron lo suficiente.

Eliseo se sintió responsable de alimentar a los cien hombres, ya que era el líder de esos profetas. Algunos han comparado esto con un colegio bíblico, en el que Eliseo fungía como director. En esa ocasión la palabra de Eliseo y la "palabra del Señor" fueron iguales. Eliseo dijo: "Así dice el Señor: la gente comió y hubo de sobra ". Escrito está: "la gente comió y hubo de sobra, conforme a la palabra del Señor". Tanto Eliseo como Elías eran extraordinariamente humanos. Santiago enfatizó eso acerca de Elías (Santiago 5:17) de manera específica. Podría haberlo dicho también acerca de Eliseo. En el caso de Elías, no todo lo que dijo fue cierto. Cuando declaró: "Solo quedo yo", se equivocó. Ver 1 Reyes 18:22, 19:10 y Romanos 11:3-4. Sin embargo, cuando Eliseo hizo su pronunciamiento, al menos en esa ocasión, su palabra fue elevada a la misma categoría de la de Dios. Cuando Eliseo aseveró: "El Señor dice", en verdad, el Señor lo reconoció.

He instado a la gente, dondequiera que voy, a que *no digan cosas como esta*. ¿Quién dice que tú tienes derecho a afirmar que eres semejante a Eliseo?

El hombre de Baal Salisá trajo "pan de primicias" o de los primeros frutos (2 Reyes 4:42). ¡Esto se refiere al *diezmo*! Lo que hizo ese hombre fue diezmar de su propia tierra. El diezmo representa un décimo. Él estaba honrando a Dios, por lo que consideraba que traer el diezmo de su tierra a la escuela de los profetas de Eliseo era darle a Dios. Malaquías dijo que Dios honrará a aquellos que pagan su diezmo bendiciéndolos hasta que "sobreabunde" (Malaquías 3:10). Uno podría deducir fácilmente que Dios no solo estaba honrando la palabra de Eliseo, sino también el diezmo de ese hombre.

Abraham fue el primer diezmador. Hizo algo que era nuevo y diferente. Fue algo voluntario, espontáneo. ¿Cómo aprendió a diezmar? Así fue como el Espíritu Santo empezó a preparar al pueblo de Dios en cuanto a cómo apoyar a su obra. Aun cuando el diezmo de Abraham era voluntario y espontáneo, Moisés —que introdujo la ley cuatrocientos años después—, lo hizo obligatorio. Incluso Malaquías, escribiendo mil trescientos años después de la ley, dice que no podemos "dar más" que el Señor. Pablo confirmó eso:

> El que siembra escasamente, escasamente cosechará, y el que siembra en abundancia, en abundancia cosechará.
>
> —2 Corintios 9:6

Por cierto, cuando alguien dice: "No es el dinero, es el principio", es el primero: el dinero. Eliseo aprueba el diezmo del hombre con su profecía infalible.

Era un nuevo milagro. Sin precedentes. Nunca en la historia de Israel hubo un milagro como ese. Algunos de los milagros hechos por Eliseo tenían un precedente con Elías. Pero nunca antes se había hecho el milagro de la multiplicación de los alimentos.

¿Eres receptivo a lo nuevo? ¿A lo diferente? A menudo es más un problema de personalidad que un asunto espiritual. Algunas personas simplemente se oponen naturalmente a cualquier cosa novedosa. Es la forma en que están concebidos. Muchos de nosotros somos así. No queremos salir de nuestras rutinas. El mayor riesgo que corrí en todo mi ministerio fue tener a Arthur Blessitt, el hombre que cargó una cruz alrededor del mundo (y figura en el Libro de Récords Guinness por la caminata más larga del mundo), en la Capilla de Westminster. Nos puso patas arriba, pero pienso que la decisión que tomé con él, en mis veinticinco años sirviendo allí, fue la mejor. Créeme, ¡salí de mi rutina! Pero nunca me he arrepentido.

La reacción del sirviente de Eliseo era predecible: "¿Cómo voy a poner yo veinte panes delante de cien hombres?". ¿Qué pasaría si Dios quiere obrar en tu vida y hacer lo que nunca se ha hecho antes? ¿Y si eres el único al que se le ha dado este mandato?

Fue un milagro noble. El hombre de Baal Salisá no solo le dio su diezmo a Eliseo; este lo compartió con los cien hombres. Eliseo podría haberle dicho a su siervo: "Dejemos para nosotros algo de esto y de estas espigas; ¿por qué dárselo a estos cien individuos? No, no se guardaron nada para sí mismos; lo regalaron todo. Eliseo dio lo que era suyo, pero no lo vio como suyo. Recuerda: el diezmo es dinero de Dios. La forma en que manejas el dinero de Dios es algo que él observa, aun cuando no seamos conscientes de ello.

Fue un milagro necesario. Esos hombres tenían que comer. Dios decidió alimentarlos en medio de aquella hambruna. ¡Dios no hace milagros gratuitos! Eso es lo que quería el rey Herodes: que Jesús hiciera un milagro como los que haría un mago (Lucas 23:8).

Dios sabe que necesitamos comer. Debemos orar el Padre Nuestro diariamente: "El pan nuestro de cada día, dánoslo hoy" (Mateo 6:11). Esta oración también debería hacernos conscientes de las personas que no tienen comida.

Fue un milagro nutritivo. Lo que Dios proveyó no solo fue sabroso sino bueno para ellos. ¡Dios no provee sustento que no sea bueno para nosotros!

¿Por qué es importante esta historia?

Primero, porque anticipa el milagro de Jesús alimentando a los cinco mil con los panes y los peces. El milagro de Eliseo difícilmente se compara con el de Jesús alimentando a los cinco mil. Pero ciertamente no tenía precedentes.

Segundo, esto muestra una forma inédita en la que Dios puede manifestar su poder. Dios puede repetir lo que él mismo hace; y, a menudo, lo que no tiene precedentes.

Cuando las personas critican algo para lo que no existe un antecedente bíblico, casi siempre es porque no quieren salir de su zona de confort. No hay precedente (que yo sepa) de un hombre que haya hecho una cruz de madera y que la haya cargado alrededor del mundo, como lo hizo Arthur Blessitt. Hablo de personas como las de Hebreos 11, el capítulo de fe de la Biblia. Ni una sola de ellas tuvo la ventaja de repetir lo que otra persona de fe había hecho anteriormente. Enoc caminó con Dios y fue trasladado al cielo (Hebreos 11:5). Noé caminó con Dios, pero se le requirió que construyera un arca (Hebreos 11:7). Abraham caminó con Dios sin saber a dónde iba (Hebreos 11:8). Ninguno de ellos tuvo el privilegio de repetir algo que se hubiera hecho antes.

Tercero, esta historia es importante porque muestra que los profetas necesitan enseñanza. Esta sería la razón por la que estos cien hombres se reunieron. Es imposible saber cómo se le enseñó a Elías antes de que apareciera en escena de la nada (1 Reyes 17:1). Pero su conocimiento del "Dios de Israel" muestra que fue instruido. Es imposible saber cuánto aprendió Eliseo de Elías y cuánto provino del conocimiento inmediato y directo del propio Dios. Es imposible saber lo que Eliseo realmente enseñó a esos cien profetas. Pero obviamente necesitaban enseñanza y es evidente que Eliseo estaba calificado para impartirla.

Cuarto, esta historia muestra que los hombres de Dios necesitan ser alimentados; ¡necesitan comer! Nadie es tan piadoso ni espiritual que no necesite comer. Las personas piadosas también deben vigilar el consumo y la calidad de sus alimentos. Nunca olvides que las personas que predican el evangelio viven de la ayuda financiera de quienes defienden ese evangelio (1 Corintios 9:14; 1 Timoteo 5:17-18). Por lo tanto, aprendemos que los Eliseo de este mundo dependen de las personas para su manutención económica.

Quinto, solo una persona con un nivel extremadamente alto de unción se atrevería a prometer lo que prometió Eliseo. ¡Después de todo, en una o dos horas todos lo sabrían! Cuando hay un "así dice el Señor" adjunto, es mejor que estés absoluta, indudable y categóricamente seguro de que Dios te indicó que dijeras eso. A la luz de la explicación de Jesús sobre el tercer mandamiento (Mateo 5:33-37) en cuanto a no abusar del nombre del Señor, dudo seriamente que Dios lleve a alguien a decir hoy: "Así dice el Señor". Esos aficionados de ahora, y algunos no tan aficionados, que usan la frase "Así dice el Señor" o "El Señor me dijo" están siendo, en mi opinión, muy irresponsables.

No hay necesidad de evocar el nombre del Señor, no hay necesidad de decir cosas como esa cuando la autoridad es tan obvia. Lamentablemente, a menudo son aquellos cuyas declaraciones proféticas son dudosas los que dicen: "Así dice el Señor". No lo hacen para exaltar a Dios o para que se vea bien, sino para mejorar su propia respetabilidad y credibilidad. Además, cuando las personas proféticas se equivocan después de afirmar que hablan de parte de Dios, en cualquier caso, no deben ser respetadas (Deuteronomio 18:21-22).

CAPÍTULO 10

SI SOLO...

Naamán, jefe del ejército del rey de Siria, era un hombre de mucho prestigio y gozaba del favor de su rey porque, por medio de él, el SEÑOR le había dado victorias a su país. Era un soldado valiente, pero estaba enfermo de lepra.

En cierta ocasión los sirios, que habían salido a merodear, capturaron a una muchacha israelita y la hicieron criada de la esposa de Naamán. Un día la muchacha le dijo a su ama: "Ojalá el amo fuera a ver al profeta que hay en Samaria, porque él lo sanaría de su lepra".

Naamán fue a contarle al rey lo que la muchacha israelita había dicho. El rey de Siria le respondió:

—Bien, puedes ir; yo le mandaré una carta al rey de Israel.

Y así Naamán se fue, llevando treinta mil monedas de plata, seis mil monedas de oro y diez mudas de ropa.

—2 Reyes 5:1-5

Si solo supieras por lo que Dios tuvo que pasarme para llevarme al punto en que me usara como instrumento de bendición para otras personas, dudo que estés dispuesto a pagar el precio.

—Charles Swindoll

"Si solo" a menudo se considera una de las frases más tristes del idioma castizo. Cuando pensamos en la frase "si solo", la implicación suele ser negativa. Por ejemplo: "Si solo estas dos personas se hubieran encontrado antes", "Si solo hubiera sucedido ayer" o, cuando Jesús lloró sobre Jerusalén: "Si solo supieras lo que te traerá paz" (ver Lucas 19:42). Sin embargo, 2 Reyes 5:1-5 muestra cómo ese "si solo" termina en un resultado positivo: la chica israelí le dijo a su ama: "¡Si solo mi amo viera al profeta que está en Samaria! Él lo curaría de su lepra" (v. 3).

La curación de la lepra de Naamán es una de las historias de la vida de Eliseo más interesantes e inusuales de todo el Antiguo Testamento. Naamán era un oficial militar de alto rango en el ejército del rey de Aram, ahora Siria, un enemigo de Israel, pero había paz en aquel tiempo. Recuerda que Naamán no era israelita, ni un heredero del pacto que Dios hizo con Israel. En todo caso, Naamán podría ser considerado como enemigo de Israel. Y, sin embargo, la Palabra de Dios dice que el *Señor*, es decir, el Dios de Israel, le dio a Naamán la victoria sobre Israel. No dice que el dios de Siria le dio la victoria. Dice que el Dios de Israel le dio a Naamán la victoria sobre Israel.

¿Se había vuelto el Dios de Israel contra Israel? Por un tiempo, sí. Así es como debemos ver todas las guerras y todas las batallas. No es el dios de Siria, Baal ni cualquier otra deidad, sino el Señor quien da la victoria a una nación. Es el Señor Dios de Israel, el Dios de la Biblia, quien gobierna las naciones.

Por lo tanto, el problema es este: ¿cómo identificamos al Dios verdadero en este día de pluralismo? En la antigüedad decían "Dios de Israel", fin de la historia. Punto final. ¿Podemos decir esto hoy? Algunos podrían. ¿O diríamos el Dios de Gran Bretaña? ¿O el Dios de Estados Unidos de América? ¿O el Dios de Almolonga, en Guatemala?

La respuesta es, el Dios de la Biblia. Esa es la mejor manera que conozco para identificar al Dios verdadero: el Padre de nuestro Señor Jesucristo. En este pasaje encontramos al verdadero Dios obrando; ese era el Dios de Israel.

En cualquier caso, Dios estaba trabajando en un lugar sorprendente, Siria, donde hoy se encuentra Alepo, el escenario en el que sucedió la guerra civil siria hace solo unos años. Eso le costó al ex gobernador de Nuevo México su posición en una elección presidencial; no sabía dónde estaba Alepo.

Aquí se llama Aram. Dios estaba obrando allí aproximadamente en el siglo octavo a. C., el último lugar donde esperaría que Dios estuviera actuando. Pero el milagro que se desarrolla en 2 Reyes 5:1-5 ocurrió en Aram. De esto puedes estar seguro en cuanto al Dios de la Biblia: "nada es demasiado difícil para él", como dice el coro.

Naamán era amigo del rey, un hombre de considerable posición. Era muy rico también. Pero tenía lepra. Cuando se trata de enfermedades y dolencias, esas cosas no hacen excepción de personas. Es cierto que los ricos obtienen la mejor atención médica; pueden comprar los mejores alimentos y pagar las mejores vitaminas y suplementos. Pero no son inmunes a la mala salud. Así también Naamán: su amistad con el rey no pudo curarlo. Su posición no podía curarlo. Su riqueza no tenía valor para eso. Su futuro era sombrío.

Entonces, surge en esta historia un *sorprendente pacificador*. Era una persona sin nombre, una "joven de Israel" que servía a la esposa de Naamán. El héroe anónimo de la historia: una chica sin nombre de Israel. A la mayoría de nosotros nos gusta escuchar que se mencionen nuestros nombres. Todos estamos armados de tal manera que queremos significado. Jesús dijo que nos regocijáramos porque nuestros "nombres" están escritos en el cielo (ver Lucas 10:20).

Sin embargo, no hay nombre para esta joven. Ella es una pacificadora anónima. "Bienaventurados los pacificadores, porque ellos serán llamados hijos de Dios" (Mateo 5:9). es Lo que ella estaba haciendo era la paz; ansiaba traer paz al esposo de su ama. Pero lo que pensaba podría ayudar a reconciliar a dos naciones que habían estado en guerra. Había mucho en juego, y todo por esa joven anónima de Israel. Ella era la menos indicada para considerarse una persona de influencia. En aquellos días, las mujeres tenían una importancia mínima, por no hablar de una chica. Aparte de eso, era israelita. Podías considerarla enemiga. Era del mismo Israel con el que Aram acababa de pelear y contra el cual ganaron una gran batalla. Uno esperaría que ella actuara en contra de Naamán, pero se convirtió en la esclava de la esposa de este oficial.

Era una chica sumisa. Sus condiciones la podrían haber convertido en una joven amargada y hasta resentida, pero ella se sometió a la voluntad del Señor. Es más, habló cuando podría haberse quedado en silencio, pero le dijo algo a su ama que resultaría en uno de los milagros más asombrosos de toda la historia bíblica.

Era una joven desinteresada, nunca trató de ser el centro de atención. Tenía seguridad: hablaba por experiencia y con sobradas razones para saber lo que Eliseo era capaz de hacer. Ella no se avergonzó del profeta de Dios, Eliseo.

¿Acaso le dio la espalda a Israel y se puso a favor del enemigo? No. Lo que pasó es que sintió compasión por su amo. Aunque estaba cautiva en Siria, sabía quién podría ayudar a aquel hombre.

Por cierto, eres testigo en un mundo sin Dios; por tanto, ¡sabes a quién puedes ayudar! ¿Le hablas a la gente acerca de Jesús?

Ella era una extranjera. Algunos de los más grandes misioneros de nuestro tiempo son coreanos enviados a Estados Unidos y Gran Bretaña. Ella era una pacificadora. El mayor pacificador del mundo es el que lleva a una persona a la paz con Dios. Ser pacificador puede requerir que uno ocupe la posición más precaria imaginable: tratar de unir dos lados irreconciliables. Ambas partes pueden volverse en tu contra.

Sin embargo, esa chica sin nombre no se avergonzó. Tampoco era muy sofisticada. Era una desconocida; su nombre no aparecería en los periódicos. No tenía pedigrí. Ni referencias. No estaba conectada con personas influyentes. Así mismo es con los héroes de la fe que están en el cielo, son personas de las que nunca has oído hablar. Las recompensas que se atribuirán en el tribunal de Cristo se repartirán entre millones de personas anónimas.

Ahora bien, esta historia cobra relevancia por la sorpresiva propuesta de la sirvienta (v. 3). "¡Ojalá mi amo viera al profeta que está en Samaria! Él lo curaría de su lepra". En otras palabras, "si solo mi amo viera al profeta...", una expresión anhelante que mostraba la compasión de la joven esclava. Se podría decir que esa propuesta fue descabellada. De repente, la sirvienta sin nombre viene con una proposición sorprendente: "¡Ojalá mi amo viera al profeta que está en Samaria! Él lo curaría de su lepra". Y, sin embargo, lo dijo sin temor alguno. ¡Cómo se atreve esa jovencita israelita a hablar de un profeta en Israel! Imagínate eso: ¡hablar de un profeta en una nación enemiga de su pueblo!

Aquella era una propuesta de fe: él se sanará. Eso hizo que la chica se ganara, por completo, la confianza de su ama. Había desarrollado una relación que reflejaba integridad y alta credibilidad.

¿Quién lo habría pensado? Pero la esposa de Naamán le contó a su esposo la proposición de su esclava. Podría haberla descartado de plano. Pero leemos que Naamán se dirigió al rey. Es interesante observar qué convenció a Naamán. Sin embargo, el propio rey dijo le respondió afirmativamente: "Bien, puedes ir; yo le mandaré una carta al rey de Israel" (v. 5). ¿Por qué, entonces, fue Naamán persuadido? ¿Por qué se convenció el rey? La propuesta procedía de una desconocida, una persona sin nombre sin pedigrí, sin antecedentes.

¿Por qué? Porque estaban desesperados. No tenían nada que perder. Nadie más tenía un plan. El mensaje de la sirvienta fue único. Tenía un tono de autoridad, de autenticidad. Cuando José, por ejemplo, le sugirió al Faraón que ahorrara para los próximos siete años, lo dijo con cierto tono de autoridad (Génesis 41:37-38). De la misma manera nuestro evangelio tiene la misma esperanza. Pablo podía decir: "No me avergüenzo del evangelio" (Romanos 1:16). ¿Qué pedigrí tenía Pablo? Ninguno que hubiera impresionado a los romanos. ¿Qué antecedente tenía Pablo que impresionara a los corintios cuando dijo que se había propuesto no conocer entre ellos nada sino a Jesucristo y a este crucificado (1 Corintios 2:2)? De este mensaje surgió una congregación enorme y la correspondencia más grande a una iglesia en el Nuevo Testamento.

¿Eres un don nadie? Tu palabra también podría llegar a las esferas más altas si eres audaz, auténtico y actúas sin avergonzarte.

Imagínate lo siguiente: el rey de Aram escribiéndole una carta al rey de Israel. Si tuvieras que adivinar quién está detrás de eso, dirías que debe ser una persona de influencia, de un alto nivel de instrucción, de alto rango y bien conectado.

Sin embargo, no fue así. Se trataba de una sirvienta sin conexiones; una esclava que simplemente sabía lo que podría pasar "si solo". Esta expresión —si solo— normalmente termina con conclusiones negativas y sentimientos de consternación.

Esta vez no ocurrió eso. No con nuestro evangelio. Cuando Dios obra. Cuando el tiempo es el indicado.

CAPÍTULO 11

Extraña sabiduría

Cuando Eliseo, hombre de Dios, se enteró de que el rey de Israel se había rasgado las vestiduras, le envió este mensaje: "¿Por qué está Su Majestad tan molesto? ¡Mándeme usted a ese hombre, para que sepa que hay profeta en Israel!".

Así que Naamán, con sus caballos y sus carros, fue a la casa de Eliseo y se detuvo ante la puerta. Entonces Eliseo envió un mensajero a que le dijera: "Ve y zambúllete siete veces en el río Jordán; así tu piel sanará, y quedarás limpio".

Naamán se enfureció y se fue, quejándose: "¡Yo creí que el profeta saldría a recibirme personalmente para invocar el nombre del Señor su Dios, y que con un movimiento de la mano me sanaría de la lepra! ¿Acaso los ríos de Damasco, el Abaná y el Farfar, no son mejores que toda el agua de Israel? ¿Acaso no podría zambullirme en ellos y quedar limpio?". Furioso, dio media vuelta y se marchó.

Entonces sus criados se le acercaron para aconsejarle: "Señor, si el profeta le hubiera mandado hacer algo complicado, ¿usted no le habría hecho caso? ¡Con más razón si lo único que le dice a usted es que se zambulla, y así quedará limpio!". Así que Naamán bajó al Jordán y se sumergió siete veces, según se lo había ordenado el hombre de Dios. ¡Y su piel se volvió como la de un niño, y quedó limpio!

—2 Reyes 5:8-14

Dios se mueve de manera misteriosa para realizar sus
maravillas. Él planta sus pasos en el mar y cabalga sobre
la tormenta.

—William Cowper (1731-1800)

El rey de Aram (Siria) escribe una carta al rey de Israel, la
cual es probable que fue entregada por el propio Naamán, el
comandante del ejército sirio, que quería ser sano de su lepra.
La misiva es recibida con una reacción violenta: "¿Y acaso
soy Dios, capaz de dar vida o muerte, para que ese tipo me
pida sanar a un leproso?" (v. 7). En la carta al rey de Israel se
olvidó mencionar a un profeta.

Lo que sigue en este relato fascinante son varias clases de
sabiduría:

> El rey de Siria le respondió:
> —Bien, puedes ir; yo le mandaré una carta al rey de
> Israel.
> Y así Naamán se fue, llevando treinta mil mone-
> das de plata, seis mil monedas de oro y diez mudas
> de ropa. La carta que le llevó al rey de Israel decía:
> "Cuando te llegue esta carta, verás que el portador es
> Naamán, uno de mis oficiales. Te lo envío para que lo
> sanes de su lepra".
> Al leer la carta, el rey de Israel se rasgó las vestidu-
> ras y exclamó: "¿Y acaso soy Dios, capaz de dar vida
> o muerte, para que ese tipo me pida sanar a un lepro-
> so? ¡Fíjense bien que me está buscando pleito!".
> Cuando Eliseo, hombre de Dios, se enteró de que el
> rey de Israel se había rasgado las vestiduras, le envió
> este mensaje: "¿Por qué está Su Majestad tan moles-
> to? Mándeme usted a ese hombre, para que sepa que
> hay profeta en Israel!".

Así que Naamán, con sus caballos y sus carros, fue a la casa de Eliseo y se detuvo ante la puerta. Entonces Eliseo envió un mensajero a que le dijera: "Ve y zambúllete siete veces en el río Jordán; así tu piel sanará, y quedarás limpio".

Naamán se enfureció y se fue, quejándose: "¡Yo creí que el profeta saldría a recibirme personalmente para invocar el nombre del SEÑOR su Dios, y que con un movimiento de la mano me sanaría de la lepra! ¿Acaso los ríos de Damasco, el Abaná y el Farfar, no son mejores que toda el agua de Israel? ¿Acaso no podría zambullirme en ellos y quedar limpio?". Furioso, dio media vuelta y se marchó.

Entonces sus criados se le acercaron para aconsejarle: "Señor, si el profeta le hubiera mandado hacer algo complicado, ¿usted no le habría hecho caso? ¡Con más razón si lo único que le dice a usted es que se zambulla, y así quedará limpio!". Así que Naamán bajó al Jordán y se sumergió siete veces, según se lo había ordenado el hombre de Dios. ¡Y su piel se volvió como la de un niño, y quedó limpio!

—2 Reyes 5:5-14

La sabiduría *verdadera* tiene más de una definición, incluida esta: conocer el próximo paso a seguir en cualquier situación. Pero no toda sabiduría es verdadera. Santiago 3:14-15 habla de la sabiduría que no es de arriba sino de abajo.

¿Por qué es importante esta palabra? Primero, porque la verdadera sabiduría es el tesoro más grande que puedes poseer en la tierra (Proverbios 4:4-9). En segundo lugar, esta sabiduría tiene un costo: "Por sobre todas las cosas, adquiere discernimiento" (Proverbios 4:7), así que ¡consíguela! El costo de la sabiduría, a menudo, tiene que ver con el orgullo; por ejemplo, debes moderar tu temperamento después de haber perdido los estribos. Esto es lo que Naamán tuvo que hacer antes de ser sanado. También tenemos la sabiduría *carnal*, la cual se basa en presunciones falsas. Naamán supuso que tendría que comprar su curación. Por eso llevó dinero y regalos. Esto es típico de la sabiduría carnal: pensar que Dios opera en los mismos términos en los que lo hace el hombre. Como sabes, en este mundo obtienes lo que pagas. Por eso, es difícil para algunos de nosotros hacer la transición que nos lleve de la sabiduría carnal a la verdadera sabiduría. Sin embargo, Naamán quedó atrapado por la forma en que el rey de Israel interpretó la carta del rey de Aram. Lo que escribió el rey de Aram dejaba ver que el rey de Israel sanaría (v. 6) a Naamán. Como ya dije, este rey olvidó mencionar en la misiva al profeta de Samaria, por lo que el monarca de Israel se asustó terriblemente.

Naamán asumió que se encontraría con el profeta. Como general que era, estaba acostumbrado a recibir muestras de respeto, aparte de la pompa y la ceremonia que muchos le brindaban. Pero Eliseo no lo invitó a entrar a su casa, ni siquiera salió a su encuentro. Lo que hizo fue que envió un mensajero a Naamán.

Durante mis veinticinco años de servicio en Westminster, tuve algunas ocasiones en las que le escribí una carta a Su Majestad la Reina. Ella siempre contestaba, pero nunca directamente. Su secretario diría: "La Reina me ordena que le agradezca su carta", o algo similar. Eliseo no era de la realeza; era un profeta de Dios, un hombre guiado por el Espíritu Santo. Y no le impresionó demasiado conocer a un general. Él hizo lo que pensó que era adecuado: enviar un mensajero.

La sabiduría carnal se mostró aun más cuando Naamán rechazó la respuesta de Eliseo. Naamán se fue enojado. Eso es típico de la sabiduría carnal, perder los estribos:

Esa no es la sabiduría que desciende del cielo, sino que es terrenal, puramente humana y diabólica.

—Santiago 3:15

Naamán asumió tres cosas. Primero, supuso que se encontraría con Eliseo. "Pensé que él seguramente vendría a mí". Una vez me invitaron a la Casa Blanca, pero no conocí al presidente; yo estaba entre los doscientos invitados que lo escucharon dar una breve charla. Muchas personas son invitadas al número 10 de Downing Street [la residencia oficial del Primer Ministro de Inglaterra], pero no conocen al primer ministro. Naamán creyó que el profeta "invocaría el nombre del Señor su Dios". Al menos tenía razón en eso, ¡pero Eliseo ya lo había hecho! Naamán pensó que Eliseo, "con un movimiento de la mano", sanaría su lepra.

La sabiduría carnal no es capaz de pensar como Dios. Naamán acertó dos de tres. Pero Dios dijo a través de Isaías: "Mis caminos y mis pensamientos son más altos que los de ustedes" (Isaías 55:9). "Hay caminos que al hombre le parecen rectos, pero que acaban por ser caminos de muerte" (Proverbios 14:12).

La sabiduría carnal de Naamán se expuso al desafiar las órdenes de Eliseo: que se sumergiera en el río Jordán. Pero, ¿por qué el río Jordán? Naamán pensó que los ríos de Damasco eran mejores que cualquiera de las aguas de Israel. Este es un tipo de pensamiento carnal. La gente también pregunta: ¿Por qué ir a la iglesia? ¿Acaso no puedo orar en casa? ¿Por qué ir a Toronto?

No obstante en esta historia también hay sabiduría *oculta*. Esta es la verdadera sabiduría, en la que se esconde el propósito de Dios. A veces, esto parece extraño. Eliseo supo que el rey rasgó sus vestiduras. Pero, por lo que aprendemos de Eliseo en todas estas historias, puedes asegurar que recibió la noticia directamente de Dios. Luego le envió un mensaje al rey (v. 8). Es casi seguro que el monarca ya sabía lo del don de Eliseo. En cualquier caso, el rey le dijo a Naamán exactamente a dónde ir. Se debe informar a las personas que están en posiciones altas dónde ir cuando no sepan con certeza qué hacer en lo referente a un hombre de Dios.

Lo que Eliseo le ordenó a Naamán que hiciera no tenía sentido: "Ve y zambúllete siete veces en el río Jordán; así tu piel sanará, y quedarás limpio" (v. 10). No hay ningún argumento natural para curar la lepra con agua. Además, ¿por qué el río Jordán? ¿Por qué siete veces? Lo que Eliseo requería era una lección de humildad indescriptible para el rico general sirio. Primero, Eliseo ni siquiera salió al encuentro de Naamán. En segundo lugar, lavarse en el Jordán era vergonzoso. Y tener que hacerlo siete veces era aún más humillante.

La sabiduría oculta es aquella para la que no hay una esperanza aparente o una buena razón. Dios le dijo a Abraham que sacrificara a Isaac (Génesis 22:1-2). Eso no tenía ningún sentido. Mardoqueo, el judío que se negaba a inclinarse ante Amán, parecía equivocado (ver Ester 3:5). Eso tampoco tenía sentido alguno. Jesús, muriendo en una cruz, tenía menos sentido aun.

Y, sin embargo, en esta historia también se *desafía* la sabiduría. La orden de Eliseo no solo era ilógica para Naamán, sino que este —además— preguntó: "¿No son Abana y Farfar, los ríos de Damasco, mejores que todas las aguas de Israel?". El hombre natural siempre desafía la sabiduría de Dios. Por tanto, debemos esperar que aquellos que escuchan el evangelio también lo desafíen.

Sin embargo, también había sabiduría *consoladora*. La palabra de Eliseo al rey había sido tranquilizadora; disuadió al rey de Israel y animó tanto a Naamán como al monarca de Israel de que había esperanza. El consejo de Gamaliel al Sanedrín (Hechos 5:38-39) fue tranquilizador. El juez de Éfeso extendió una sabiduría confortadora (Hechos 19:38-41).

Por último, la sabiduría *convincente* se muestra hermosamente cuando proviene nada menos que del propio sirviente de Naamán. Este le dijo al oficial: "Padre mío, si el profeta le hubiera mandado hacer algo complicado, ¿usted no le habría hecho caso? ¡Con más razón si lo único que le dice a usted es que se zambulla, y así quedará limpio!" (v. 13). El que le estaba hablando a Naamán con argumentos razonables y sentido común era un sirviente suyo. Uno podría preguntarse: ¿qué podría haber sido una gran cosa? ¿Quizás si Eliseo hubiera pedido mucho dinero? Naamán se lo habría dado. ¿O tal vez hacer que Naamán hiciera alguna gran obra delante de la gente? Naamán lo hubiera hecho. En otras palabras, si Eliseo hubiera pedido algo así, Naamán sin duda le habría obedecido. Pero Eliseo pidió algo sencillo. Es más, el profeta hizo una promesa: "¿Él realmente le dijo: 'Lávate y sé limpio'?" (v. 13). El sirviente le mostró la lógica del asunto a Naamán. Así que fue en contra de su sabiduría carnal y obedeció al profeta Eliseo:

Así que Naamán bajó al Jordán y se sumergió siete veces, según se lo había ordenado el hombre de Dios. ¡Y su piel se volvió como la de un niño, y quedó limpio! (v. 14).

Jesús dijo que el que es fiel en lo muy poco, será fiel en lo mucho (Lucas 16:10).

La sabiduría consoladora condujo a una sabiduría convincente. Pablo dijo que hiciéramos las cosas que conducen a la paz (Romanos 14:19). Esto es lo que hace el evangelio: lleva a la paz con Dios (Romanos 5:1) y a la paz de Dios (Filipenses 4:7). Solo el Espíritu Santo puede convencer cuando se trata del evangelio. En el día de Pentecostés, quedaron convencidos cuando preguntaron: "¿Qué haremos?" (Hechos 2:37). Los que oyeron la palabra fueron bautizados.

Lo que Naamán hizo es lo mismo que hace una persona dispuesta a ser bautizada: mostrar humildad.

CAPÍTULO 12

GRATITUD PURA

Luego Naamán volvió con todos sus acompañantes y, presentándose ante el hombre de Dios, le dijo:

—Ahora reconozco que no hay Dios en todo el mundo, sino solo en Israel. Le ruego a usted aceptar un regalo de su servidor.

Pero Eliseo respondió:

—¡Tan cierto como que vive el SEÑOR, a quien yo sirvo, que no voy a aceptar nada!

Y por más que insistió Naamán, Eliseo no accedió.

—En ese caso —persistió Naamán—, permítame usted llevarme dos cargas de esta tierra, ya que de aquí en adelante su servidor no va a ofrecerle holocaustos ni sacrificios a ningún otro dios, sino solo al SEÑOR. Y, cuando mi señor el rey vaya a adorar en el templo de Rimón y se apoye de mi brazo, y yo me vea obligado a inclinarme allí, desde ahora ruego al SEÑOR que me perdone por inclinarme en ese templo.

—Puedes irte en paz —respondió Eliseo.

Naamán se fue, y ya había recorrido cierta distancia.

—2 Reyes 5:15-19

Necesitamos descubrir nuevamente que la adoración es natural para el cristiano, como lo fue para los piadosos israelitas que escribieron los salmos, y que el hábito de celebrar la grandeza y la gracia de Dios produce un flujo interminable de agradecimiento, gozo y alegría. celo.

—J. I. Packer (1926-2020)

La gente agradecida vive más tiempo.

—Clínica Mayo

Mostrar gratitud a Dios es la marca de una vida transformada. "Ahora sé que no hay Dios en todo el mundo sino en Israel", fue el espontáneo comentario de Naamán a Eliseo después de ver el milagro de la curación de su lepra. Este capítulo muestra la importancia de la gratitud. También es un recordatorio del maravilloso beneficio de "reconocer" cuando te das cuenta de que estabas equivocado. Esto es lo que hizo Naamán, por lo que fue sanado. Eso muestra la bondad de Dios, que él sana a las personas que sufren. Y, además, muestra la soberanía de Dios.

Jesús se refirió a la curación de Naamán (Lucas 4:27). Ese acto comprueba el amor de Dios por las personas que no son de Israel y —como dije— su soberanía, tal como lo expresa a continuación: "Tendré clemencia de quien yo quiera tenerla, y seré compasivo con quien yo quiera serlo" (Romanos 9:15).

Recordarás que a Eliseo no lo impresionó el séquito de Naamán; por eso le envió un mensaje, en vez de invitarlo a entrar o salir a su encuentro. Naamán, que había comenzado a retirarse enojado, decidió escuchar a su criado y terminó haciendo lo que le ordenó Eliseo: se sumergió siete veces en el río Jordán y se curó milagrosamente.

Humillarse no es algo fácil de hacer; se necesita valor para tragarse el orgullo.

¿Necesitas humillarte? ¿Te has empeñado en un asunto y has dicho: "Nunca admitiré que me equivoqué" o "Nunca los perdonaré por lo que hicieron"?

Hay algunas cosas que se deben ver en este capítulo con respecto al carácter y los atributos de Dios. Vivimos en la generación del "yo"; preguntamos: "¿Qué pasa conmigo?". Quiero que nos centremos en el Dios de la Biblia y preguntemos: "¿Qué pasa con Dios?".

LA SOBERANA VOLUNTAD
DE DIOS

Una de las cosas más necesarias que faltan hoy en día es la soberanía de Dios. Para mí, la soberanía de Dios es el derecho y el poder que él tiene para hacer lo que quiera con cualquiera.

En Cristo también fuimos hechos herederos, pues fuimos predestinados según el plan de aquel que hace todas las cosas conforme al designio de su voluntad.

—Efesios 1:11

Tendré clemencia de quien yo quiera tenerla, y seré compasivo con quien yo quiera serlo.

—Éxodo 33:19; Romanos 9:15

Jesús trajo la soberanía de Dios en un momento sorprendente:

Así mismo, había en Israel muchos enfermos de lepra en tiempos del profeta Eliseo, pero ninguno de ellos fue sanado, sino Naamán el sirio.

—Lucas 4:27

Este pasaje es un recordatorio que hace Jesús en cuanto a que Dios también ama a los que no son de Israel. Aquí estaba anunciando el amor de Dios por los gentiles y que la sanidad de Naamán se debió a la soberana voluntad de Dios. ¿Por qué Naamán? Porque "tendré clemencia [misericordia] de quien yo quiera tenerla".

También es un recordatorio de que la sanidad de Naamán y el don de Eliseo son demostraciones de la soberanía de Dios. Dones como este no vienen todos los días. Los Samuel de este mundo son raros. Los Elías de este mundo son extraños.

¡Debemos orar para que Dios levante Elías y Eliseos en nuestro tiempo!

Recuerda también que el mismo Dios que predestinó el fin también preparó los medios. En cuanto a esa asombrosa sanidad: Eliseo ordenó a Naamán que se sumergiera siete veces en el Jordán. Respecto a la salvación, Dios nos ha dicho que prediquemos el evangelio a toda persona (Marcos 16:15).

ADORACIÓN ESPONTÁNEA A DIOS

Lo que sigue no es algo forzado sino voluntario, espontáneo: "Ahora reconozco que no hay Dios en todo el mundo, sino solo en Israel". Eso es lo que Naamán *decidió* decir. Esa expresión fluyó libremente desde lo profundo de su corazón. Ese es el resultado de la pura gracia de Dios. La definición de la gracia de Dios *es favor inmerecido que fluye del corazón de Dios.*

Dios mostró gracia a Naamán. Ello implicaba que Naamán era un hombre cambiado, en más de un sentido. Esto es lo que vemos en él:

1. Arrepentimiento: Naamán "volvió ante el hombre de Dios" (v. 15). Arrepentimiento viene del griego *metanoia*: cambio de mentalidad. Eso es un cambio de sentido. Una parte esencial de la verdadera conversión es el arrepentimiento. El mismo Naamán que dejó a Eliseo enojado porque (1) no salió a su encuentro y (2) le dio la extraña orden de sumergirse siete veces en el Jordán, cambió de actitud.
2. Revelación: Naamán se paró frente a Eliseo y dijo: "Ahora reconozco que no hay Dios en todo el mundo, sino solo en Israel" (v. 15). Esta es una revelación asombrosa. Eliseo no le indicó que dijera eso. Ciertamente fue lo último que esperaba Naamán; él estaba sorprendido. El Dr. Martyn Lloyd-Jones

solía decir que un cristiano es alguien que está "sorprendido" de ser cristiano.

Eliseo accede esta vez a encontrarse con Naamán. Es la primera vez que se encuentran. Naamán confiesa la verdad de Dios. No hay otro Dios sino este Dios. Jesús dijo: "Yo soy el camino, la verdad y la vida, nadie viene al Padre sino por mí" (Juan 14:6). Lo que dice Naamán es lo que dirá el mundo entero un día: "para que ante el nombre de Jesús se doble toda rodilla en el cielo y en la tierra y debajo de la tierra, y toda lengua confiese que Jesucristo es el Señor, para gloria de Dios Padre" (Filipenses 2:10-11; ver también Romanos 14:11).

Naamán muestra gratitud a Dios. Esa es la razón por la que Naamán regresó: quería agradecer a Eliseo en persona. El ingrediente esencial en la santificación es la gratitud. La santificación es la doctrina de la gratitud. No manifestamos santidad de vida para asegurarnos de nuestra salvación. Lo hacemos para mostrar gratitud a Dios. Santificación equivale a gratitud.

Por lo tanto, Naamán cambia de actitud, no solo al disminuir su ira, sino que ahora —además— quiere mostrar gratitud a Eliseo. A diferencia de los nueve que fueron sanados por Jesús (Lucas 17:17), Naamán quiere mostrar su gratitud.

Así que conoce a Eliseo y le está profundamente agradecido. Hay básicamente dos tipos de gratitud: (1) la espontánea y (2) la que debe ser enseñada. Por eso el Nuevo Testamento enseña la gratitud.

No se inquieten por nada; más bien, en toda ocasión, con oración y ruego, presenten sus peticiones a Dios y denle gracias.

—Filipenses 4:6

La mayoría de nosotros, sinceramente, necesitamos que nos enseñen gratitud.

Para concluir, permíteme revisar una de las experiencias más poderosas que he tenido con Dios. Después de predicar sobre Filipenses 4:6, recién citado, cuando llegué a la frase "denle gracias", se me apareció toda mi vida. Quedé aturdido. Conmocionado. El Espíritu Santo me mostró innumerables momentos en los que Dios había sido tan bueno conmigo y yo no le agradecí. Estaba muy avergonzado. Después del sermón, corrí a mi escritorio en la sacristía para orar, y rogué como nunca antes en mi vida, con el más profundo arrepentimiento. Ese día prometí que sería un hombre agradecido por el resto de mi vida. Eso fue hace treinta y cinco años. Te contaré algo que he hecho todos los días desde ese domingo por la mañana que prediqué ese mensaje sobre Filipenses 4:6. Reviso mi diario todas las mañanas y luego doy gracias a Dios por cada cosa buena que sucedió el día anterior. Suelen ser tres o cuatro cosas. Nunca he sido el mismo desde que me formé ese hábito.

Tengo una sugerencia para ti: piensa en al menos tres cosas todos los días por las cuales agradecerle. Hazlo antes de ir a dormir cada noche. Y si necesitas un poco más de persuasión, debes saber que la Clínica Mayo descubrió que las personas agradecidas viven más tiempo.

CAPÍTULO 13

LA HONRA A DIOS

Al llegar a la colina, Guiezi tomó los sacos y los guardó en la casa; después despidió a los hombres, y estos se fueron. Entonces Guiezi se presentó ante su amo.

—¿De dónde vienes, Guiezi? —le preguntó Eliseo.

—Su servidor no ha ido a ninguna parte —respondió Guiezi.

Eliseo replicó:

—¿No estaba yo presente en espíritu cuando aquel hombre se bajó de su carro para recibirte? ¿Acaso es este el momento de recibir dinero y ropa, huertos y viñedos, ovejas y bueyes, criados y criadas? Ahora la lepra de Naamán se te pegará a ti y a tus descendientes para siempre.

No bien había salido Guiezi de la presencia de Eliseo cuando ya estaba blanco como la nieve por causa de la lepra.

—2 Reyes 5:24-27

Sostengo que es un hecho que, si todas las personas supieran lo que cada una dice de la otra, no habría cuatro amigos en el mundo.

—Blaise Pascal (1623-1662)

Jonathan Edwards nos enseñó que lo único que Satanás no puede producir en nosotros es amor por la gloria de Dios. Hay cuatro asuntos dignos de mención en esta sección de

2 Reyes 5: (1) La negativa de Eliseo a aceptarle regalos a Naamán, (2) la solicitud de Naamán de llevar el suelo de Israel a Siria para arrodillarse, (3) la petición de Naamán de ir con el rey de Siria al templo de Rimón, y (4) el juicio sobre Guiezi por ir a espaldas de Eliseo a buscar la recompensa de Naamán.

Veamos el pasaje completo:

> Luego Naamán volvió con todos sus acompañantes y, presentándose ante el hombre de Dios, le dijo:
> —Ahora reconozco que no hay Dios en todo el mundo, sino solo en Israel. Le ruego a usted aceptar un regalo de su servidor.
> Pero Eliseo respondió:
> —¡Tan cierto como que vive el SEÑOR, a quien yo sirvo, que no voy a aceptar nada!
> Y por más que insistió Naamán, Eliseo no accedió.
> —En ese caso —persistió Naamán—, permítame usted llevarme dos cargas de esta tierra, ya que de aquí en adelante su servidor no va a ofrecerle holocaustos ni sacrificios a ningún otro dios, sino solo al SEÑOR. Y, cuando mi señor el rey vaya a adorar en el templo de Rimón y se apoye de mi brazo, y yo me vea obligado a inclinarme allí, desde ahora ruego al SEÑOR que me perdone por inclinarme en ese templo.
> —Puedes irte en paz —respondió Eliseo.
> Naamán se fue, y ya había recorrido cierta distancia cuando Guiezi, el criado de Eliseo, hombre de Dios, pensó: "Mi amo ha sido demasiado bondadoso con este sirio Naamán, pues no le aceptó nada de lo que había traído. Pero yo voy a correr tras él, a ver si me da algo. ¡Tan cierto como que el SEÑOR vive!".
> Así que Guiezi se fue para alcanzar a Naamán. Cuando este lo vio correr tras él, se bajó de su carro

para recibirlo y lo saludó. Respondiendo al saludo, Guiezi dijo:

—Mi amo me ha enviado con este mensaje: "Dos jóvenes de la comunidad de profetas acaban de llegar de la sierra de Efraín. Te pido que me des para ellos tres mil monedas de plata y dos mudas de ropa".

—Por favor, llévate seis mil —respondió Naamán, e insistió en que las aceptara.

Echó entonces las monedas en dos sacos, junto con las dos mudas de ropa, y todo esto se lo entregó a dos criados para que lo llevaran delante de Guiezi. Al llegar a la colina, Guiezi tomó los sacos y los guardó en la casa; después despidió a los hombres, y estos se fueron. Entonces Guiezi se presentó ante su amo.

—¿De dónde vienes, Guiezi? —le preguntó Eliseo.

—Su servidor no ha ido a ninguna parte —respondió Guiezi.

Eliseo replicó:

—¿No estaba yo presente en espíritu cuando aquel hombre se bajó de su carro para recibirte? ¿Acaso es este el momento de recibir dinero y ropa, huertos y viñedos, ovejas y bueyes, criados y criadas? Ahora la lepra de Naamán se te pegará a ti y a tus descendientes para siempre.

No bien había salido Guiezi de la presencia de Eliseo cuando ya estaba blanco como la nieve por causa de la lepra.

—2 Reyes 5:15-27

Este capítulo trata principalmente sobre la honra al Dios verdadero. Aquí se ven las marcas de un verdadero siervo de Dios y la forma en que un nuevo convertido anhela honrar a Dios. También manifiesta la sensatez un tanto sorprendente de Eliseo cuando Naamán quiere la bendición de Eliseo cuando tuviera que acompañar al lisiado rey de Siria al templo de Rimón. Además muestra que Dios no hace acepción de personas; lo que hizo Guiezi, aunque era siervo del gran profeta Eliseo, debe ser juzgado.

LA REPUTACIÓN DE DIOS

¿Por qué Eliseo rechazó el regalo de Naamán? Después de todo, el profeta tenía sus propias necesidades personales. Es casi seguro que vivía gracias al apoyo financiero de quienes le creían. Pero Eliseo juró que no aceptaría dinero del agradecido Naamán, aun cuando sabía que este solo quería mostrarle gratitud.

Entonces, ¿por qué Eliseo rechazó el regalo de Naamán? La respuesta es: primero, Eliseo sabía que lo que él hiciera —en este caso, la forma en que respondiera a la recompensa— se difundiría por todas partes. A Eliseo le importaba más la reputación de Dios en Siria que sus propias necesidades económicas. Tal vez recuerdes que Pablo "prefería morir" antes que aceptar dinero de los corintios, aunque afirmó que el obrero es digno de su salario (1 Corintios 9:12). Abraham no aceptó dinero del rey de Sodoma para que no dijera: "Yo enriquecí a Abraham" (Génesis 14:23). Abraham estaba pensando en la reputación de Dios. Eliseo quería asegurarse de que Naamán nunca olvidara que la misericordia de Dios al sanarlo no fue por dinero. No se puede sobornar al Dios de la Biblia. También es importante recordar que Eliseo incluso hizo un juramento, algo que Naamán pasó por alto completamente (consciente o no).

Naamán le había hecho dos pedidos a Eliseo: (1) que le diera tierra israelí a Siria para adorar al Dios de Israel en suelo israelí y (2) que le diera su aprobación para acompañar al rey discapacitado de Siria cuando adorara en el templo de Rimón. Naamán ya no ofrecería más sacrificios a Rimón, el dios de Siria. ¡Era un hombre verdaderamente convertido!

Sin embargo, todavía estaba bajo el mando del rey de Siria. Naamán anticipó un conflicto futuro. Él sabía que cuando el anciano y lisiado monarca de Siria adoraba en el templo, él (Naamán) debía estar presente y tenía que ayudarlo cuando se inclinaba ante su dios falso.

Eliseo, sin embargo, absolvió a Naamán: "Puedes irte en paz" (v. 19). Eliseo no le dijo: "Qué vergüenza, Naamán; eso muestra que no te has convertido", aunque algunos comentaristas no excusan a Eliseo por esa respuesta. Eliseo no aprueba que nadie adore en lo absoluto a Rimón. Lo que hizo fue darle la prerrogativa a Naamán de que hiciera lo que le pareciera necesario. Es como cuando alguien responde a una invitación y asiste a una boda en una iglesia o lugar que personalmente no aprobaría. La lección de esto es que podemos ser amables aunque no aprobemos la religión de la persona que se casa.

LA RETRIBUCIÓN DE DIOS

Los celos, así como la avaricia y la mentira, invadieron a Guiezi, el sirviente de Eliseo, quien fue asombrosamente desleal. Además, mostró una gran falta de respeto por Eliseo, sin mencionar el testimonio piadoso del profeta y el rechazo de la oferta de Naamán bajo juramento. Ese fue un pecado grave. Muestra cómo una persona puede estar muy cerca de un profeta piadoso y, sin embargo, no ser leal ni influido por él. Guiezi había visto todo el oro, la plata y la ropa que Naamán llevaba para obsequiar a Eliseo, pero este lo rechazó. Eso enfureció a Guiezi; no podía soportar que Eliseo rechazara todo ese dinero siendo que fue tan misericordioso con Naamán. Sin embargo, el asunto era que Guiezi se iba a quedar con el dinero y no se lo diría a Eliseo (algo muy torpe de su parte). Así que corrió tras Naamán antes de que fuera demasiado lejos. Resulta que Guiezi también tenía sirvientes, los cuales estaban a cargo de Eliseo, lo que muestra cómo este ciertamente podría haber usado —con todos ellos— el dinero que le ofreció Naamán.

Por eso Guiezi se llenó de celos y de codicia. Eso ocurre con demasiada frecuencia en la obra cristiana. Le sucedió a Ananías y a Safira: celos, avaricia, mentira. Querían quedar "bien" con los del círculo íntimo de la iglesia primitiva. Guiezi juró enojado ("¡Tan cierto como que el Señor vive!", v. 20) para obtener algo del acaudalado general sirio Naamán. ¡Qué acto tan peligroso! Pero Guiezi vio una manera de obtener algo sin que Naamán sospechara lo que estaba haciendo. Torpemente pensó que Eliseo no se enteraría.

Guiezi ¡casi lo logra! Consiguió el doble de lo que quería por parte de Naamán. Por eso mantuvo su aventura en secreto, como si pudiera ocultar algo así de un profeta como Eliseo. ¡Qué tonto! Pero Eliseo le preguntó dónde había estado. Guiezi mintió (v. 25). Ananías y Safira también le mintieron al Espíritu Santo. Guiezi le mintió a Eliseo, lo que quizás equivalía a mentirle al Espíritu Santo, sobre todo después de ver la gloria de Dios en aquel asombroso milagro.

No obstante, lo que para mí es lo más honroso de Eliseo, no solo en este relato sino en todos sus milagros combinados, es esto: Eliseo no intentó que Naamán viera que Guiezi estaba haciendo eso por su propia cuenta. Si yo hubiera sido Eliseo (lo que temería de mí mismo), habría hecho que Guiezi volviera ante Naamán y le confesara que él no tenía nada que ver con ese asunto, en absoluto. ¡Pero Eliseo no movió un dedo para limpiar su nombre! Eso para mí es asombroso. Eliseo parece dispuesto a dejar que Naamán piense que, después de todo, realmente le pidió el dinero. Esto para mí muestra lo piadoso que era Eliseo. Y expone la siguiente verdad: *deja que Dios te reivindique y que la gente piense lo peor de ti, Dios les mostrará lo contrario.*

El castigo de Guiezi fue terminal. A quien el Señor ama, castiga o disciplina. El castigo es para el cristiano, no para

los perdidos (Hebreos 12:6-11). Sin embargo, hay tres clases
de castigo:

1. Interno (plan A): a través de la Palabra por el Espíritu Santo.
2. Externo (plan B): Dios trata desde afuera, como
   por ejemplo una enfermedad, pérdida del trabajo,
   reveses financieros, reivindicación tardía.
3. Terminal (plan C): del cual hay dos tipos:
   a. Muerte (1 Juan 5:16; 1 Corintios 11:30)
   b. Castigo permanente en esta vida (Hebreos
      6:4-6)

El castigo de Guiezi no fue muerte súbita, como en el caso
de Ananías y Safira o como el de otros cristianos en la iglesia (1 Corintios 11:30). En cierto sentido fue peor: viviría con
lepra el resto de su vida.

Es interesante ver la manera en que Eliseo interrogó a
Guiezi. Él sabía lo que había sucedido, pero —con mucha
paciencia— le preguntó: "¿Dónde has estado?" (v. 25). Eso
le daba a Guiezi un momento para arrepentirse y confesar su
pecado en el acto. Pero no. Mintió y las cosas empeoraron.

El Señor disciplina al que ama. El castigo interno es la
mejor manera en que Dios se ocupa de tu problema. El plan
A de Dios es que leas estas líneas. Dios solo recurre al plan B
cuando el A no funciona.

CAPÍTULO 14

Un milagro extraño

Un día, los miembros de la comunidad de los profetas le dijeron a Eliseo:

—Como puede ver, el lugar donde ahora vivimos con usted nos resulta pequeño. Es mejor que vayamos al Jordán. Allí podremos conseguir madera y construir un albergue.

—Bien, vayan —respondió Eliseo.

Pero uno de ellos le pidió:

—Acompañe usted, por favor, a sus servidores.

Eliseo consintió en acompañarlos, y cuando llegaron al Jordán empezaron a cortar árboles. De pronto, al cortar un tronco, a uno de los profetas se le zafó el hacha y se le cayó al río.

—¡Ay, maestro! —gritó—. ¡Esa hacha no era mía!

—¿Dónde cayó? —preguntó el hombre de Dios.

Cuando se le indicó el lugar, Eliseo cortó un palo y, echándolo allí, hizo que el hacha saliera a flote.

—Sácala —ordenó Eliseo.

Así que el hombre extendió el brazo y la sacó.

—2 Reyes 6:1-7

La bondad es el lenguaje que los sordos pueden oír y los ciegos pueden ver.

—Mark Twain (1835-1910)

Solo Dios puede convertir el agua en vino. En este pasaje vemos el más extraño, aunque el más divertido, de todos los milagros de Eliseo: una cabeza de una hacha flotando en el río Jordán. Comparado con la sanidad de la lepra de Naamán, esto es casi cómico, ridículo. Este milagro no sana a ninguna persona. No ayuda a las finanzas de nadie.

¿Por qué Dios haría eso? Debemos recordar que Dios es la explicación de lo que hace Eliseo en esta historia. No es lo que haga el profeta, aunque lo parezca. Es lo que hace Dios.

¿Por qué Dios haría flotar la cabeza de una hacha?

Respuesta: Porque Dios se preocupa por todos los aspectos de nuestras vidas. "Reconócelo en todos tus caminos, y él allanará tus sendas" (Proverbios 3:6).

Lo que más me cautiva de esta historia no es solo el milagro sino la disponibilidad, flexibilidad y amabilidad del profeta. Eliseo era un hombre importante. Fue famoso en su época. Hizo milagros que desafían la imaginación de cualquiera. He conocido a algunas personas importantes. Pero cuando pienso en el papel de Eliseo en esta historia, pienso en algunas personas que se consideran, o al menos dan la impresión de que son, demasiado relevantes como para preocuparse por cosas pequeñas.

Los hijos de los profetas le hacen dos sugerencias a Eliseo: (1) ¿Podríamos mudarnos a otra parte? Eliseo dice que sí. (2) ¿Irás con nosotros? Otra vez responde afirmativamente. Luego ocurre el incidente de la cabeza de hacha, perteneciente a un hombre, que cae al agua, y Eliseo la recupera.

Cuando ese hombre perdió su hacha, fue un momento terrible para él, ya que "era prestada".

Si no hubiera sido prestada, posiblemente no lo habría pensado dos veces. Se olvidaría de ella. Pero, para él era más preocupante recuperarla ahora para devolverla a su dueño.

Este milagro, por cierto, es el tipo de prodigio que los cínicos —sobre todo aquellos que no creen en los portentos— aprovecharían para hacer que Eliseo quedara en ridículo.

Imagínate hoy un grupo de carismáticos o pentecostales informando que un trozo de hierro flotó en el río Támesis en Londres o en el Cumberland, en Nashville. ¿Cómo saber eso? Considera la forma en que algunos cristianos hablan sobre la Bendición de Toronto o sobre los informes de dientes de oro que les surgen a otros en algunos lugares del planeta. (Con respecto a los dientes de oro, presencié uno de esos milagros cierta vez. Una niña mexicana de diez años gritó, durante un servicio de adoración, y le pidió a la gente que observara el interior de su boca. Miré y vi unos dientes de oro, donde van los molares o muelas del juicio; además, tenían una simetría perfecta. Mientras las lágrimas corrían por sus mejillas, no dejaba de gritar: "¿Por qué a mí?"). A Dios le encanta elegir lo que algunos llamarán tonto o necio. Sí. Él escoge lo necio del mundo para avergonzar a los sabios (1 Corintios 1:27). A veces pienso que el Padre, el Hijo y el Espíritu Santo se reúnen y deliberan: "¿Qué es lo siguiente que podemos hacer para que la gente se burle, menosprecie o descarte lo que hacemos?".

La Biblia afirma que la cabeza del hacha flotando en el río fue un hecho real, pero ese sería el tipo perfecto de milagro que los cesacionistas y los liberales descartarían o del que se reirían.

Un milagro podría definirse como un acontecimiento extraordinario que bendice a las personas pero que va más allá de lo natural o no tiene explicación científica. Cualquier "droga milagrosa" promocionada por los medios tiene una explicación científica; pero un milagro, como la creación de unos dientes de oro en la boca de alguien, no.

Ahora bien, es probable que haya —al menos— tres niveles de milagros: (1) los creativos, como el de unos ojos nuevos, el alargamiento de un brazo, sin mencionar que alguien resucite. Opino que los milagros de los últimos días —que acompañarán a la segunda venida de Cristo— traerán esta clase de portentos; (2) las curaciones de dolores como el de cabeza o una sensación de malestar. A veces Dios interviene en cosas como esas; y (3) el de los prodigios de origen natural o científico. Estos tienen una explicación natural como, por ejemplo, la penicilina. Es lo que hacen los científicos. Dios, por la gracia común, o la "gracia especial de la naturaleza", como lo expresó Juan Calvino, es la explicación de la medicina efectiva. Por eso damos la gloria a Dios.

Es difícil categorizar el milagro de la cabeza de hacha flotando en un río. No tiene nada que ver con la salud de nadie; ni con la seguridad financiera de alguna persona; tampoco afecta la reputación de un individuo. Pero tiene que ver con el hombre avergonzado que teme enfrentarse al dueño del hacha para decirle: "Lo siento, pero perdí tu hacha".

Sin embargo, el punto es que *a Dios le importaba eso*.

EL HOMBRE ESTRATÉGICO DE DIOS

¡Imagínate a Eliseo cerca de ti! Personas como él no aparecen todos los días. Hubo una vez un Samuel, pero no tuvo ningún sucesor. Elías apareció de la nada, pero Eliseo fue su sucesor. Sin embargo, no hubo sucesor para Eliseo.

Los descritos en Hebreos 11 eran personas estratégicas. Yo definiría a una persona estratégica como un "vaso soberano", establecido por Dios con un ministerio específico. Él o ella serán conocidos por sus dones, valor, amor e influencia en lo referente a Dios. Amós habló del "hambre de oír las palabras del Señor" (Amós 8:11). ¿Qué podría ser peor? ¿Acaso estamos cerca de ese tiempo?

Esos hombres, sin embargo, tenían a Eliseo cerca. Respetaban su autoridad; querían su aprobación. El profeta respetó el deseo que tenían de estar con él. No siempre tendrían a Eliseo. Si puedes acercarte a un verdadero hombre de Dios, y él está dispuesto a pasar tiempo contigo, acéptalo con todas tus fuerzas y tu mente.

"Iré", dijo Eliseo cuando le pidieron que los acompañara. Durante mis primeros cuatro años en la Capilla de Westminster, tuve a Martyn Lloyd-Jones cada semana y con la frecuencia que lo necesitaba. Aprecio esos días.

EL SECRETO DE DIOS

Los accidentes suceden. La cuestión es: ¿Los causa Dios? ¿O simplemente los "permite"? A ello respondo así: la diferencia entre lo que Dios provoca y lo que permite es algo como lo que él le dijo a Moisés cuando estaba frente a la zarza ardiente. Que se quitara los zapatos porque estaba en tierra sagrada. Lo que Dios le estaba enseñando a Moisés era que ¡no intentara descifrar aquello!

Si no entonces, ¿por qué aquel hijo de profeta, sentado a los pies de Eliseo, perdió el hacha de su amigo? Se le había caído al río Jordán mientras cortaba unos árboles y estaba cerca de la orilla de la corriente. Eliseo estaba en las cercanías. ¿Y si no hubiera estado por ahí? ¿Se habría metido el hombre en el agua para buscarla? Lo que se sabe es que la pérdida del hacha provocó en el individuo una ansiedad extrema. Eso se debía a "que era prestada".

Dios usa la ansiedad extrema para llamar nuestra atención. La primera referencia a las lágrimas en la Biblia es cuando Ezequías lloró porque le dijeron que moriría pronto (2 Reyes 20:5). Las lágrimas atrajeron la atención de Dios y Ezequías vivió otros quince años. En 2 Corintios 1, Pablo describe su mayor prueba. La misma era, dijo, para que no confiara en sí mismo sino en Dios (2 Corintios 1:9). La cabeza del hacha perdida provocó miedo por la gran vergüenza a la que el tipo se expondría; el hombre temía el bochorno de tener que darle explicaciones al dueño. Dios sabe que no nos gusta pasar vergüenza.

Esta historia anula la falsa creencia de que, si tienes un Eliseo cerca, no enfrentarás sucesos no deseados. Billy Graham dijo que el presidente Lyndon B. Johnson, cuando había grandes crisis, quería un clérigo cerca. ¿Podría el incidente del hacha haber sido un ataque del diablo? Billy Graham me dijo que al comienzo de cada cruzada que realizaba, surgía un ataque satánico. Entonces, ¿la cabeza del hacha que cayó al río fue un ataque del diablo? Quizás. Ese era el tiempo en que Eliseo enseñaba a los profetas.

EL EXTRAÑO MILAGRO DE DIOS

Cuando el hombre dijo: "¡Ay, maestro, esa hacha no era mía!", suponemos que esperaba que Eliseo interviniera y la encontrara. Este pudo haberle dicho: "¡Métete al agua y encuéntrala tú mismo, tonto!". El agua no era muy profunda; habrían vadeado el fondo, ya que el hierro se habría ido directamente a lo profundo, y luego arrastrar los pies hasta que la encontraran.

Sin embargo, Eliseo decidió ayudar. "¿Dónde cayó?", preguntó. ¿Por qué era necesaria esa pregunta? Aquí es donde el milagro augura ser extraño. ¿Por qué es importante saber dónde cayó mientras Eliseo estaba cortando un palo para arrojarlo al agua? Por qué Eliseo actuó de esta manera es un misterio. No hay ninguna razón por la que Eliseo tenía que cortar un palo y lanzarlo en la dirección en la que cayó el hacha de hierro. Tampoco hay razón para que Jesús escupiera en los ojos de un ciego antes de sanarlo (Marcos 8:23). Todo lo que sabemos es que el hombre fue sano. Asimismo, todo lo que sabemos en este caso es que Eliseo "hizo flotar el hierro". Luego le dijo: "Agárralo". El hombre obedeció y la crisis terminó. Salvó a aquel hombre de un bochorno seguro; el tipo no tendría que decirle al dueño del hacha lo que había sucedido.

Otra pregunta que surge aquí es esta: ¿Por qué ese hombre, uno de los cien hijos de los profetas, no hizo el milagro por sí mismo? ¿No estaban allí para aprender del gran maestro

Eliseo? ¿Qué les estaba enseñando? ¿Por qué ese hombre no aprendió algo de Eliseo? ¿Para qué servía entonces la "compañía de profetas"?

Charles Spurgeon dijo, acerca de su Escuela de los Profetas: no puedes enseñarle a una persona cómo predicar, pero puedes enseñarle qué predicar. Pero ¿qué les estaba enseñando Eliseo a esos hombres? Eso muestra que hay niveles de unción. Es posible que Eliseo no haya podido transferir su unción a esos hombres, pero aun así ellos podrían aprender de él. Esto nos hace ver que hoy, la gente puede tener un don profético y no ser un Eliseo. Muestra que el don de profecía con la gente común no puede convertirte en un Eliseo.

A todos nos interesan los milagros. ¿A quién no? Cierto que queremos verlos. Pero nunca olvido aquellas palabras de Carl F. H. Henry, cuando expresó: "Solo Dios puede convertir el agua en vino".

Seamos cuidadosos con nuestro lenguaje cuando hablemos de milagros. Es posible que estemos en el día de las cosas pequeñas. Oremos por el de las cosas grandes. El hecho de que tú y yo estemos dispuestos a aceptar un milagro extraño podría ser una prueba, aunque la gente se ría de nosotros. Pero si eso es lo que Dios decide, enhorabuena.

CAPÍTULO 15

CUANDO DIOS ESTÁ A TU FAVOR

Por la mañana, cuando el criado del hombre de Dios se levantó para salir, vio que un ejército con caballos y carros de combate rodeaba la ciudad.

—¡Ay, mi señor! —exclamó el criado—. ¿Qué vamos a hacer?

—No tengas miedo —respondió Eliseo—. Los que están con nosotros son más que ellos.

Entonces Eliseo oró: "SEÑOR, ábrele a Guiezi los ojos para que vea". El SEÑOR así lo hizo, y el criado vio que la colina estaba llena de caballos y de carros de fuego alrededor de Eliseo.

—2 Reyes 6:15-17

La impotencia es un arma eficaz si te sientes indefenso ante Dios. Pídele ayuda a Dios en todo lo que hagas.

—Joyce Meyer

¿Cómo sabes que Dios está a tu favor y no del lado de tu enemigo?

En pleno apogeo de la Guerra Civil Estadounidense, en la década de 1860, alguien le preguntó al presidente Abraham Lincoln: "¿Está Dios de nuestro lado?". A lo que respondió: "Me preocupa más que nosotros estemos del lado del Señor".

Si el SEÑOR no hubiera estado de nuestra parte —que
lo repita ahora Israel ... nos habrían inundado las
aguas, el torrente nos habría arrastrado.

—Salmos 124:1, 4

Cuando yo te pida ayuda, huirán mis enemigos. Una
cosa sé: ¡Dios está de mi parte!

—Salmos 56:9

En 1956, me vi obligado a tomar ciertas decisiones que
hicieron que muchos en mi familia dudaran de mi sensatez.
Mi abuelo McCurley habló a mi favor con las siguientes palabras: "Estoy contigo para bien o para mal". ¡Ah, cómo necesitaba oír aquello!

En el caso que estudiamos ahora, el mismo rey de Siria
—que le había dado permiso a Naamán para ir a Israel a
sanarse de su lepra— ahora vuelve a estar en guerra con el
rey de Israel. Y planea invadir Israel. Pero algo sale mal repe-
tidas veces; lucía como si uno de los suyos lo estuviera trai-
cionando; aquello olía a traición (vv. 9-11). El culpable, sin
embargo, no era ninguno de los propios hombres de Siria, ya
que nadie le estaba suministrando información de espionaje
al rey de Israel. El culpable no era otro que Eliseo. Así que le
dijeron al rey de Siria lo que sigue: "El profeta Eliseo le dice
al rey de Israel las mismas palabras que hablas en tu alcoba".
Veamos el pasaje completo:

El rey de Siria, que estaba en guerra con Israel, deli-
beró con sus ministros y les dijo: "Vamos a acampar
en tal lugar". Pero el hombre de Dios le envió este
mensaje al rey de Israel: "Procura no pasar por este
sitio, pues los sirios te han tendido allí una embos-
cada". Así que el rey de Israel envió a reconocer el
lugar que el hombre de Dios le había indicado. Y en
varias otras ocasiones Eliseo le avisó al rey, de modo

que este tomó precauciones. El rey de Siria, enfurecido por lo que estaba pasando, llamó a sus ministros y les reclamó:

—¿Quieren decirme quién está informando al rey de Israel?

—Nadie, mi señor y rey —respondió uno de ellos—. El responsable es Eliseo, el profeta que está en Israel. Es él quien le comunica todo al rey de Israel, aun lo que Su Majestad dice en su alcoba.

—Pues entonces averigüen dónde está —ordenó el rey—, para que mande a capturarlo.

Cuando le informaron que Eliseo estaba en Dotán, el rey envió allá un destacamento grande, con caballos y carros de combate. Llegaron de noche y cercaron la ciudad. Por la mañana, cuando el criado del hombre de Dios se levantó para salir, vio que un ejército con caballos y carros de combate rodeaba la ciudad.

—¡Ay, mi señor! —exclamó el criado—. ¿Qué vamos a hacer?

—No tengas miedo —respondió Eliseo—. Los que están con nosotros son más que ellos.

Entonces Eliseo oró: "Señor, ábrele a Guiezi los ojos para que vea". El Señor así lo hizo, y el criado vio que la colina estaba llena de caballos y de carros de fuego alrededor de Eliseo. Como ya los sirios se acercaban a él, Eliseo volvió a orar: "Señor, castiga a esta gente con ceguera". Y él hizo lo que le pidió Eliseo.

Luego Eliseo les dijo: "Esta no es la ciudad adonde iban; han tomado un camino equivocado. Síganme, que yo los llevaré adonde está el hombre que buscan". Pero los llevó a Samaria. Después de entrar en la ciudad, Eliseo dijo: "Señor, ábreles los ojos, para que vean". El Señor así lo hizo, y ellos se dieron cuenta de que estaban dentro de Samaria. Cuando el rey de Israel los vio, le preguntó a Eliseo:

—¿Los mato, mi señor? ¿Los mato?

—No, no los mates —contestó Eliseo—. ¿Acaso los has capturado con tu espada y tu arco, para que los mates? Mejor sírveles comida y agua para que coman y beban, y que luego vuelvan a su rey.

Así que el rey de Israel les dio un tremendo banquete. Cuando terminaron de comer, los despidió, y ellos regresaron a su rey. Y las bandas de sirios no volvieron a invadir el territorio israelita.

—2 Reyes 6:8-23

El resultado final: el Dios supremo estaba a favor de Israel, no de Aram (Siria). Como lo afirmó el apóstol Pablo: "Si Dios es por nosotros, ¿quién contra nosotros?" (Romanos 8:31). Lo más importante del mundo es saber que Dios está de tu lado.

La pregunta es: ¿Cómo podemos saber que Dios está de nuestro lado y no del de nuestro enemigo?

EL DON PROFÉTICO

Eliseo, que tenía el doble de la unción de Elías, estaba a favor de Israel. Sin embargo, como dijo Jesús, había muchos leprosos en Israel, pero solo Naamán el sirio fue sanado (Lucas 4:27). Ese es un ejemplo de la soberanía de Dios. Por esa misma soberanía, Dios escogió a Israel.

¡Qué pronto olvida la gente! El rey de Siria ahora va a la guerra con el mismo rey de Israel a quien envió a Naamán para que lo sanara de la lepra. Uno podría pensar que aquel incidente disiparía las relaciones hostiles. Pero la Biblia dice que "Engañoso es el corazón más que todas las cosas, y perverso; ¿quién lo conocerá?" (Jeremías 17:9 RVR1960). Cuán bendecido fue Israel por tener al profeta Eliseo.

¿Cuál es la ventaja de tener cerca a un profeta como Eliseo? La respuesta: Dios revela los secretos y los planes del enemigo. El rey de Siria decide ir a "ese lugar". Cuando llegan allí, es obvio que alguien está trabajando en su contra, como si sus planes fueran revelados a Israel por un traidor. Pero no; lo que ocurre es que Dios está a favor de Israel. Eliseo conoce las mismas palabras que el rey de Siria pronuncia en su dormitorio; eso es lo más privado que uno puede tener, pero Dios lo conoce. Nada se oculta de Dios: "No me llega aún la palabra a la lengua cuando tú, SEÑOR, ya la sabes toda" (Salmos 139:4).

Dios es omnisciente, omnisapiente. Él sabe lo que estamos pensando; sabe lo que nuestro enemigo está cavilando. Él sabe quién le es fiel y no puede ser sobornado. Eliseo no aceptaría ningún regalo de Naamán. Él le hizo saber a Siria que Dios es un Dios misericordioso. Eliseo no trató de resguardar su reputación. No persiguió a Guiezi ni le dijo: "No dejes que Naamán piense que yo te inquieté en cuanto a esa mentira". A Eliseo le importaba una cosa: lo que Dios pensara de él.

LA INSTRUCCIÓN PROFÉTICA

Eliseo se rige por dos cosas: lo que podríamos llamar el *logos* y el *rhema*. Aunque estas dos palabras se pueden usar indistintamente, a menudo se piensa que las expresiones proféticas siempre son *rhema* y que son coherentes con la Palabra de Dios.

Lo que Dios hace después es casi siempre sorprendente e impredecible.

El rey de Aram decidió capturar a Eliseo. Pero este también fue advertido del plan. ¡No puedes luchar contra Dios! El rey de Siria envió caballos y carros en la noche. Al amanecer rodearon la ciudad. El siervo de Eliseo se aterrorizó cuando vio los carros rodeando la ciudad de Dotán. Eliseo no se asustó: "No temas; más son los que están con nosotros que los que están con ellos" (v. 16).

Este es el versículo clave de esta escena. Eliseo oró para que su sirviente viera lo que él había visto: "las colinas llenas de caballos y carros de fuego alrededor de Eliseo". (Por cierto, esta es la fuente del título de la película *Carros de fuego*.) La explicación: fueron ángeles.

> El ángel de Jehová acampa alrededor de los que le temen, y los defiende
>
> —Salmos 34:7 RVR1960

> Porque él ordenará que sus ángeles te cuiden en todos tus caminos.
>
> —Salmos 91:11

Si pudiéramos ver con ojos espirituales (como lo hizo Eliseo) veríamos ángeles a nuestro alrededor. La oración de Eliseo fue: "Hiere a este pueblo con ceguera" (v. 18). Aunque no estaban totalmente ciegos, se les impidió ver exactamente dónde estaban. El plan de Eliseo era llevarlos a Samaria, donde no sabrían en qué lugar estaban; por eso fueron conducidos a Samaria sin saberlo.

La segunda oración de Eliseo fue: ¡Ahora abre sus ojos para que vean dónde están! Y he aquí, estaban dentro de Samaria. Ahora eran vulnerables al mandato del rey de Israel.

LA BONDAD PROFÉTICA

El enemigo de Israel fue entregado al rey de Israel en bandeja de plata. Por eso el rey de Israel le dijo a Eliseo: "¿Los mato, mi señor? ¿Los mato?". Esta era la oportunidad para que el rey dijera: "Los tengo, los destruiré". Observa el cambio en la actitud del rey hacia Eliseo. Resintió de Eliseo en el pasado. Ahora lo llama "mi señor". Esa era la oportunidad para que Israel acabara con su enemigo. Pero Eliseo dice: "¿Acaso los has capturado ... para que los mates? Mejor sírveles comida y agua para que coman y beban, y que luego vuelvan a su rey" (v. 22). En otras palabras, sé amable con ellos. Dales vino y cena a ellos. En vez de cobrar revancha, ¡el rey les brinda un banquete!

Ese fue un ejemplo de perdón total. Eso es gracia: aunque puedes aplicarles la ley, optas por dejarlos libres. Nunca en la historia de la guerra había sucedido algo así. ¡Paz sin derramamiento de sangre! "Y las bandas de sirios no volvieron a invadir el territorio israelita" (v. 23).

—¡Resultó!

¿Quién habría soñado con un desenlace así? El Dios de la Biblia es un Dios de paz (1 Tesalonicenses 5:23). "Yo amo la paz ... ellos hablan de guerra" (Salmos 120:7).

¿Tienes la oportunidad de liberar a tu enemigo? ¿Lo tienes en tus manos? Prueba algo diferente: perdónalo. ¡Qué gran oportunidad! La paz es mejor que la guerra.

¿Cómo saber que Dios es por ti y no tu enemigo? A Dios no se le puede comprar ni sobornar. Preocúpate por la reputación de Dios, no por la tuya. En vez de desquitarte, muestra amabilidad.

Dios peleará tu batalla.

CAPÍTULO 16

TRATANDO DE SUPERAR A DIOS

Eliseo contestó:

—Oigan la palabra del SEÑOR, que dice así: "Mañana a estas horas, a la entrada de Samaria, podrá comprarse una medida de flor de harina con una sola moneda de plata, y hasta una doble medida de cebada por el mismo precio".

El ayudante personal del rey replicó:

—¡No me digas! Aun si el SEÑOR abriera las ventanas del cielo, ¡no podría suceder tal cosa!

—Pues lo verás con tus propios ojos —le advirtió Eliseo—, pero no llegarás a comerlo.

... y el pueblo salió a saquear el campamento sirio. Y tal como la palabra del SEÑOR lo había dado a conocer, se pudo comprar una medida de flor de harina con una sola moneda de plata, y hasta una doble medida de cebada por el mismo precio.

El rey le había ordenado a su ayudante personal que vigilara la entrada de la ciudad, pero el pueblo lo atropelló ahí mismo, y así se cumplió lo que había dicho el hombre de Dios cuando el rey fue a verlo.

—2 Reyes 7:1-2, 16-17

Dios es predeciblemente impredecible.

—Anónimo

Un día Dios limpiará su nombre, pero cómo lo hará si "nadie ha escuchado ni percibido ni ojo alguno ha visto, a un Dios que ... actúe en favor de quienes en él confían" (ver Isaías 64:4; 1 Corintios 2:9), nadie podría predecirlo. ¿Qué es más extraordinario: ¿cómo limpiará Dios su nombre en el día del juicio o que la profecía de Elías se cumpla a la perfección?

Esta profecía de Eliseo es una de las más extraordinarias, más complicadas y más extrañas de todas sus predicciones en su ministerio, sino de todo el Antiguo Testamento. Considera cómo comienza este capítulo. Ningún hombre podría haber inventado esta profecía; nadie en el planeta podría haber predicho cómo podría suceder. ¡Dudo que Eliseo lo supiera! Se le mostró y obedeció, pero dudo que supiera todo lo que haría que la profecía se cumpliera. Tal vez lo hizo, tal vez no. Pero una cosa es segura: Dios sí lo sabía. Y Dios sabe cómo limpiará su propio nombre en el día final. Él es la persona más odiada del universo. La gente ama a Hitler más que al Dios de la Biblia. ¿En qué forma explicará cómo un Dios de amor, misericordia y poder podría permitir el sufrimiento y el mal como lo ha hecho él? ¿Quién sabe eso? Él lo sabe.

En este capítulo mostraremos, no solo, cómo se malinterpreta la profecía a menudo, sino que además se cumple de una manera que toma a todos por sorpresa.

Dijo entonces Eliseo: Oíd palabra de Jehová: Así dijo Jehová: Mañana a estas horas valdrá el seah de flor de harina un siclo, y dos seahs de cebada un siclo, a la puerta de Samaria. Y un príncipe sobre cuyo brazo el rey se apoyaba, respondió al varón de Dios, y dijo: Si Jehová hiciese ahora ventanas en el cielo, ¿sería esto así? Y él dijo: He aquí tú lo verás con tus ojos, mas no comerás de ello.

Había a la entrada de la puerta cuatro hombres leprosos, los cuales dijeron el uno al otro: ¿Para qué nos estamos aquí hasta que muramos? Si tratáremos

de entrar en la ciudad, por el hambre que hay en la
ciudad moriremos en ella; y si nos quedamos aquí,
también moriremos. Vamos, pues, ahora, y pase-
mos al campamento de los sirios; si ellos nos dieren
la vida, viviremos; y si nos dieren la muerte, moriremos. Se levantaron, pues, al anochecer, para ir al
campamento de los sirios; y llegando a la entrada del
campamento de los sirios, no había allí nadie. Porque Jehová había hecho que en el campamento de los
sirios se oyese estruendo de carros, ruido de caballos,
y estrépito de gran ejército; y se dijeron unos a otros:
He aquí, el rey de Israel ha tomado a sueldo contra
nosotros a los reyes de los heteos y a los reyes de los
egipcios, para que vengan contra nosotros. Y así se
levantaron y huyeron al anochecer, abandonando
sus tiendas, sus caballos, sus asnos, y el campamento como estaba; y habían huido para salvar sus vidas.
Cuando los leprosos llegaron a la entrada del campamento, entraron en una tienda y comieron y bebieron,
y tomaron de allí plata y oro y vestidos, y fueron y lo
escondieron; y vueltos, entraron en otra tienda, y de
allí también tomaron, y fueron y lo escondieron.

Luego se dijeron el uno al otro: No estamos
haciendo bien. Hoy es día de buena nueva, y nosotros callamos; y si esperamos hasta el amanecer, nos
alcanzará nuestra maldad. Vamos pues, ahora, entre-
mos y demos la nueva en casa del rey.

Vinieron, pues, y gritaron a los guardas de la puerta de la ciudad, y les declararon, diciendo: Nosotros
fuimos al campamento de los sirios, y he aquí que no
había allí nadie, ni voz de hombre, sino caballos atados, asnos también atados, y el campamento intacto.
Los porteros gritaron, y lo anunciaron dentro, en el
palacio del rey. Y se levantó el rey de noche, y dijo a
sus siervos: Yo os declararé lo que nos han hecho los

sirios. Ellos saben que tenemos hambre, y han salido de las tiendas y se han escondido en el campo, diciendo: Cuando hayan salido de la ciudad, los tomaremos vivos, y entraremos en la ciudad. Entonces respondió uno de sus siervos y dijo: Tomen ahora cinco de los caballos que han quedado en la ciudad (porque los que quedan acá también perecerán como toda la multitud de Israel que ya ha perecido), y enviemos y veamos qué hay. Tomaron, pues, dos caballos de un carro, y envió el rey al campamento de los sirios, diciendo: Id y ved. Y ellos fueron, y los siguieron hasta el Jordán; y he aquí que todo el camino estaba lleno de vestidos y enseres que los sirios habían arrojado por la premura. Y volvieron los mensajeros y lo hicieron saber al rey. Entonces el pueblo salió, y saqueó el campamento de los sirios. Y fue vendido un seah de flor de harina por un siclo, y dos seahs de cebada por un siclo, conforme a la palabra de Jehová. Y el rey puso a la puerta a aquel príncipe sobre cuyo brazo él se apoyaba; y lo atropelló el pueblo a la entrada, y murió, conforme a lo que había dicho el varón de Dios, cuando el rey descendió a él. Aconteció, pues, de la manera que el varón de Dios había hablado al rey, diciendo: Dos seahs de cebada por un siclo, y el seah de flor de harina será vendido por un siclo mañana a estas horas, a la puerta de Samaria. A lo cual aquel príncipe había respondido al varón de Dios, diciendo: Si Jehová hiciese ventanas en el cielo, ¿pudiera suceder esto? Y él dijo: He aquí tú lo verás con tus ojos, mas no comerás de ello. Y le sucedió así; porque el pueblo le atropelló a la entrada, y murió.

—2 Reyes 7:1-20 RVR1960

El rey de Aram (Siria) decidió atacar de nuevo a Israel; organizó un asedio en Samaria. Un asedio es "una operación militar en la que las fuerzas enemigas rodean un pueblo o un edificio, cortando los suministros esenciales, con el objetivo de obligar a los que están adentro a rendirse".[1] Había una hambruna extrema en la tierra. ¡Por extraño que parezca, este es el mismo rey de Siria que envió a Naamán a Israel para que lo sanara!

UNA HAMBRUNA EXTREMA

El asedio estaba funcionando, se podría decir. Eso es lo malo. No hay nada peor que eso: la cabeza de un burro se vendía por ochenta siclos de plata. Esa cabeza no se consideraría alimento excepto en circunstancias extremas. El estiércol de paloma se vendía por cinco siclos. La gente se estaba comiendo a sus bebés (2 Reyes 6:25-29).

LA FURIA DEL MAL

El rey de Israel y muchas personas, en realidad, culpaban a Eliseo por todo aquel dolor y sufrimiento. Vestirse de cilicio era una señal visible de luto en aquellos días. Y el rey vestía cilicio. Lleno de maldad, odio e ira, dijo: "¡Que Dios me castigue sin piedad si hoy mismo no le corto la cabeza a Eliseo hijo de Safat!" (2 Reyes 6:31). ¡Estaba descargando su ira sobre Eliseo! Debido a que este había hecho tales milagros en el pasado, ahora el rey se enojó porque Eliseo no había regresado a Israel.

Hay quienes afirman que el verdadero propósito de la oración es cambiar la voluntad de Dios. Eso es algo ¡totalmente erróneo! Nuestro propósito con la oración es descubrir cuál es la voluntad de Dios y obedecerla. Incluso, el propio Jesús no trató de modificar la voluntad del Padre. Él solo hizo lo que vio hacer al Padre (Juan 5:19). Eliseo es, en cierto sentido, un tipo de Cristo. Representa a alguien que te hace pensar en Jesús antes de que este viniera. José también era un tipo de Cristo (Génesis 37—50).

Eliseo no había hecho nada malo, en absoluto. ¡Pero la gente a veces tiende a culpar no solo a Dios por las cosas negativas sino también a la iglesia! Esto muestra cuán terribles cosas pueden suceder cuando un verdadero hombre de Dios todavía está presente. No pienses que la presencia de Moisés, Daniel o Pablo hará que las malas condiciones cambien.

El rey de Israel hizo un juramento: Eliseo será decapitado al atardecer. Estaba siguiendo los pasos de Jezabel. Ella hizo el mismo tipo de juramento con respecto a Elías (1 Reyes 19:2). Hay advertencias solemnes en el Antiguo Testamento: no hagas un voto que no puedas cumplir. Tanto Jezabel como el rey de Israel fracasaron en ello.

Eliseo iba un paso adelante del rey. Eliseo estuvo muy involucrado en todo eso, aunque no supimos nada de él. El oficial del rey se involucra y dice: "Esta desgracia viene del Señor; ¿qué más se puede esperar de él?" (2 Reyes 6:32-33). Es probable que el rey haya usado esto como excusa para matar a Eliseo ya que Dios ha traído todo eso.

UN PRONÓSTICO EXTRAORDINARIO

Eliseo se involucra en esa hambruna extrema. Cuando hay una gran crisis y uno no escucha al Señor, anótalo: Dios conoce plenamente todo lo que está pasando. Y también tiene un plan. Eliseo habla y pronuncia la extraordinaria profecía a la que nos hemos referido sobre el precio de la harina y la cebada. Extiende lo que parece ser una profecía extravagante: la promesa de prosperidad y comida más que suficiente. Se le da al mensajero del rey, pero Eliseo agrega: no llegarás a comerlo (2 Reyes 7:2).

La profecía indicaba que no solo habría comida, sino que sería barata, aun cuando en ese momento era carísima. ¡Habría seis veces más alimento bueno por una quinta parte del precio! Sería el equivalente a una inigualable abundancia de provisiones. Pero alguien respondió: aunque comenzara a llover con fiereza, esa profecía no podría cumplirse.

Por eso comparo la promesa equivalente: que un día Dios limpiará su nombre.

Algunos dicen: "Dios tiene mucho por qué responder". Jesús declaró: Yo soy el Alfa y la Omega, el primero y el último. Dios tiene la última y final palabra.

> Tan cierto como que yo vivo —dice el Señor—, ante mí se doblará toda rodilla y toda lengua confesará a Dios.
>
> —Romanos 14:11

¡Todo lo sometiste a su dominio!

Si Dios puso bajo él todas las cosas, entonces no hay nada que no le esté sujeto. Ahora bien, es cierto que todavía no vemos que todo le esté sujeto. Sin embargo, vemos a Jesús, que fue hecho un poco inferior a los ángeles, coronado de gloria y honra por haber padecido la muerte. Así, por la gracia de Dios, la muerte que él sufrió resulta en beneficio de todos.

> —Hebreos 2:8-9

Así que, por el momento, eso no parece probable ni posible.

EL FACTOR DE OTRA PARTE

Lo que llamo el "factor de otra parte" siempre está operativo y olvidado: lo que Dios está haciendo en otra parte del mundo. Él no solo se enfoca en ti y en mí, donde estemos, en Tennessee, Londres o Nueva York. Se enfoca en Indonesia, China, Filipinas, Oriente Medio. *¡Lo que Dios está haciendo en lugares en los que no pensamos, finalmente se relacionará directamente con nuestra situación aquí!*

Así que lo que tenemos en esta historia es una situación paralela. Algo está pasando en otro lugar: cuatro leprosos israelitas huyen hacia el campamento arameo/sirio y lo encuentran desierto. ¿Quién hubiera pensado que cuatro leprosos insignificantes y negligentes figurarían en el plan de Dios para Israel? Así que ingieren comida siria y luego se sienten culpables por no compartirla con el rey de Israel. "No estamos haciendo lo correcto", se dicen unos a otros. Entonces envían un mensaje al palacio del rey; el monarca rechaza la noticia, sin embargo, dice que alguien pruebe si es verdad. Aquello resulta ser cierto, por lo que traen mucha comida. El lugar estalla; la gente está muerta de hambre; se atropellan unos a otros, corriendo para conseguir algo de comer.

EL CUMPLIMIENTO EXACTO

El mensajero del rey es pisoteado y muere. Vio la comida, como se lo profetizó Eliseo, pero no comió de ella. Hay comida para todos. Tanta que el precio baja mucho: la profecía se cumple al pie de la letra de lo que predijo Eliseo (vv. 18-19). El alimento viene del campamento arameo, donde la encontraron los cuatro leprosos. El oficial rechaza la profecía de Eliseo. El rey, al principio, rechaza las buenas nuevas de los cuatro leprosos.

Lo cierto es que Eliseo cumplió, dio una profecía improbable que se concretó y proveyó comida en tiempos de hambruna.

Cuán rápido se vuelve la gente en contra de Dios y su profeta. La profecía más improbable y extravagante fue verdaderamente palabra de Dios. Eliseo pareció no vindicado por un tiempo. Esta historia muestra cómo limpió Dios el nombre de Eliseo. Muestra cómo puede limpiar su propio nombre, en un breve lapso de tiempo.

Muchas veces, las profecías no se cumplen como uno espera. Ningún ser humano podría haberse adivinado ni acercarse siquiera a la forma en que se cumplió esta profecía.

A Dios le encanta hacer eso. Es una de sus maneras.

CAPÍTULO 17

INFORMACIÓN CONFIDENCIAL

Ahora bien, Eliseo le había dicho a la mujer a cuyo hijo él había revivido: "Anda, vete con tu familia a vivir donde puedas, porque el SEÑOR ha ordenado que haya una gran hambre en el país, y que esta dure siete años". La mujer se dispuso a seguir las instrucciones del hombre de Dios y se fue con su familia al país de los filisteos, donde se quedó siete años.

Al cabo de los siete años, cuando regresó del país de los filisteos, la mujer fue a rogarle al rey que le devolviera su casa y sus tierras. En esos momentos el rey estaba hablando con Guiezi, el criado del hombre de Dios, y le había dicho: "Cuéntame todas las maravillas que ha hecho Eliseo". Y precisamente cuando Guiezi le contaba al rey que Eliseo había revivido al niño muerto, la madre llegó para rogarle al rey que le devolviera su casa y sus tierras. Así que Guiezi dijo:

—Mi señor y rey, esta es la mujer, y este es el hijo que Eliseo revivió.

El rey le hizo preguntas a la mujer, y ella se lo contó todo. Entonces el rey le ordenó a un funcionario que se encargara de ella y le dijo:

—Devuélvele todo lo que le pertenecía, incluso todas las ganancias que hayan producido sus tierras, desde el día en que salió del país hasta hoy.

—2 Reyes 8:1-6

La información puede advertir a la mente, pero la revelación enciende el corazón.

—Matt Redman

Una vez que te conviertes en cristiano, eres miembro de una familia especial: Dios es tu Padre, Jesús es tu hermano mayor y el Espíritu Santo es tu guía.

Resulta que Eliseo le dio a la sunamita información rica y privilegiada. Esa información era, en realidad, una revelación. Solo Dios sabía de ello. Pero al Espíritu Santo le agradó compartir parte de ella con Eliseo, por lo que este se sintió guiado a hacérsela saber a la sunamita, cuyo hijo había resucitado de entre los muertos. Lo hizo con respecto a una crisis natural que comenzó siete años antes. Supimos que Eliseo le dio una propina a la sunamita, por lo que ella actuó y llevó a su familia a la tierra de los filisteos por siete años.

La información privilegiada es conocimiento que casi nunca está a la disposición del público. Es algo de carácter preciso. Sin embargo, cuando se trata del precio de acciones de la bolsa de valores, la información privilegiada es ilegal. El uso de esa información privilegiada para proteger públicamente el precio de las acciones es un delito penal.

A la mujer sunamita se le dio información privilegiada: el Espíritu Santo le reveló un poco de la voluntad de Dios con respecto a los próximos años: se avecinaba una hambruna.

UN PRIVILEGIO EXCEPCIONAL

No todo el mundo tiene un Eliseo por amigo. Eliseo estaba en contacto con el Dios Altísimo. Y se lo dijo a la sunamita.

Eso es un recordatorio de que Jesús tenía sus amigos especiales. En Juan 11 descubrimos que él era cercano a Lázaro y sus hermanas, María y Marta. ¡Qué privilegio tener una relación de esa clase con Jesús!

En cuanto a la sunamita, podríamos preguntarnos: ¿No había hecho Dios suficiente por ella? Era rica, "de buena posición", como se indica en 2 Reyes 4:8. No solo eso, sino que Dios resucitó a su hijo de entre los muertos. Casi siempre usamos la expresión "ya basta", para referirnos a que algo ya es suficiente. Sin embargo, aquí podríamos decir esto con respecto a la sunamita rica: ya es suficiente. ¡Ella es acaudalada, tiene a Eliseo como amigo cercano y un hijo que resucitó de entre los muertos! Y ahora le avisan que viene una hambruna para que se prepare y la evite.

Las misericordias de Dios son inagotables. Así es él. Además, él decide de quién tendrá misericordia: "tengo clemencia de quien quiero tenerla" (Éxodo 33:19; Romanos 9:15). Esto es lo que queremos decir con la soberanía de Dios. Es más, "para siempre es su misericordia" (Salmos 118:1 RVR1960).

Eliseo le dijo a la sunamita: "Vete con tu familia". Este es un recordatorio de que Dios quiere que las familias permanezcan juntas. Eliseo se estaba asegurando de que la hambruna no dividiera a su familia. En mi libro: *En busca de su gloria* (un relato de mis veinticinco años en la Capilla de Westminster) confieso que lo que más lamento es no haber dado la prioridad a mi familia en esos años.

Eliseo le dijo a la sunamita: "Quédate un rato". Sería un exilio temporal. También le dijo: "Quédate donde puedas", sin intentar controlarla; él le dio libertad para que fuera a donde ella eligiera. Se le dio información especial, en este caso, revelación. No sería bueno recibir este conocimiento especial y no escuchar a Eliseo.

Los cristianos tienen acceso a información privilegiada. Por ejemplo, se nos ha advertido de la ira venidera de Dios (ver Mateo 3:7). Se nos dice que la sangre de Jesús satisface la ira y el juicio de Dios (Romanos 5:9). También se nos enseña que Jesús vendrá y juzgará la tierra (Mateo 24:44).

EL PROPÓSITO ETERNO

Hay algunas cosas que no podemos cambiar; Dios las ha decretado. Resulta que Dios decretó que una hambruna que duraría siete años (v. 1) asolaría la "tierra"; obviamente, era solo para Israel. La palabra "tierra" significaba Israel. Dios tenía un amor especial por su pueblo, por lo que había un propósito en lo que decretó. Hubo un tiempo establecido para esa hambruna: siete años. Ese es un recordatorio de que cada juicio tiene un marco de tiempo establecido. Dios sabe cuánto durará una prueba. Es posible que tú y yo no conozcamos esos tiempos de antemano.

También se nos recuerda que no es prerrogativa del profeta manipular la voluntad de Dios; su responsabilidad es revelar la voluntad de Dios. Ni siquiera Eliseo pudo cambiar eso; todo lo que podía hacer era revelar la voluntad de Dios.

Esto también muestra que Dios conoce el futuro. Pero esa advertencia se le dio solo a la mujer sunamita, hasta donde sabemos. Aparentemente, a Eliseo no se le permitió decírsela a todo Israel.

¿Te sorprende que Dios controle el clima? ¿O que Dios pueda traer desastres? Algunos dicen que la pandemia de COVID fue del diablo, puesto que Dios no haría cosas tan malas. ¿En serio? ¿Crees eso? Debo decirte que Dios trae ambas cosas. Esa es una enseñanza clara a lo largo de la Biblia.

A Elías, el mentor de Eliseo, se le dio tal autoridad que no llovería a menos que él lo dijera (1 Reyes 17:1).

UNA PROVIDENCIA ASOMBROSA

La sunamita se quedó en la tierra de los filisteos durante siete años, ¡en territorio enemigo! Esa área era fértil, buena para el cultivo de vegetación y no fue afectada por la hambruna.

¿Estás en el exilio? ¿Vives en territorio enemigo? ¿Por qué? Tal vez sea para hacerte apreciar lo que tienes en casa, para ver cómo vive el resto del mundo y hacerte más agradecido. David vivió en el exilio; esperó que Dios lo regresara a Jerusalén.

Al cabo de siete años, la sunamita regresó, solo para encontrar su hogar y su tierra en manos de vecinos deshonestos y sin escrúpulos. Ella se angustia pero no acude a Eliseo, no lo culpa. Ella usa los canales apropiados, el rey. Así que va al rey a "rogarle", pidiendo misericordia. ¡No alega derecho!

Mientras tanto Guiezi, ahora leproso (debido al juicio de Eliseo sobre él) está con el rey. Y este quiere escuchar algunas "historias de Eliseo". (Tengo historias de Martyn Lloyd-Jones, historias de Paul Cain, historias de Arthur Blessitt).

Podríamos escuchar a escondidas y adivinar lo que Guiezi le dice al rey:

- La muerte en la olla
- El hacha flotante
- La curación de Naamán y cómo el propio Guiezi quedó leproso
- La profecía de Eliseo prometiendo comida cuando todo estaba desolado
- El hijo de la sunamita resucitado de entre los muertos

En ese mismo momento, la sunamita llega ante el rey con su súplica. Pero Guiezi exclama: "¡Esta es la misma mujer de la que le he hablado!". Hay más: "Aquí está su hijo también", posiblemente ya adolescente. El rey se dirige a la mujer y le dice: "¿Es esto realmente cierto?". Aquello fue una providencia asombrosa.

UNA DISPOSICIÓN EXTRAORDINARIA

Entonces el rey asignó un oficial para el caso de la mujer, diciéndole: "Devuélvele todo lo que le pertenecía, incluyendo todos los ingresos de su tierra desde el día que salió del país hasta ahora" (v. 6). Cuando el rey dijo: "Devuélvele todo lo que le pertenecía", no solo estaba respetando a la mujer sino ¡también a Eliseo! Piensa en esto: devuélvele todo, incluidos los ingresos que habría recibido con sus intereses. Es una bondad impresionante la de Dios. Pero es, como dijo Pablo, Dios dándonos más de lo que podemos pedir o pensar (Efesios 3:20).

Todo esto fue la culminación de dos cosas: (1) información privilegiada o revelación, y (2) una asombrosa providencia. Algunos llamarían "coincidencia" al hecho de que Guiezi le estuviera contando historias de Eliseo al rey en el momento preciso en que apareció la sunamita. Esto demuestra que Dios nunca llega demasiado tarde, nunca demasiado temprano, pero siempre a tiempo. Al ser parte de la vida de la sunamita, el rey tenía el privilegio de estar justo en medio de lo que Dios estaba haciendo. Además, este era el rey que había sido despiadado con Eliseo en un tiempo.

¿Es justo que el cristiano tenga información privilegiada? ¡Tú también puedes tenerla! El cristiano es parte de una familia especial; tenemos una ventaja exclusiva: (1) Dios nos perdona todos nuestros pecados, (2) suple todas nuestras necesidades, (3) da forma a nuestro pasado (Romanos 8:28), (4) nos da información privilegiada que no está a la disposición de los ajenos a la familia, y (5) nos da un hogar en el cielo cuando partimos de este mundo.

Esta familia es diferente de todas las demás. Pero en otras, debes nacer en ellas para ser parte integral del núcleo familiar. Algunos nacen para el privilegio. Pero en la familia de Dios todos tenemos privilegios porque hemos nacido de nuevo, todos somos de la realeza. Puedes ser parte de la familia cristiana al aceptar la invitación que Dios te extiende para entrar a ella.

¿Estás fuera de la familia? ¡Ven! El único requisito (y no es estar bien conectado, ser brillante, inteligente ni educado) es ser consciente de tu necesidad de él, ser consciente de que tienes sed. Si tienes sed, ven y bebe. "El que tenga sed, venga; y el que quiera, tome gratuitamente del agua de la vida" (Apocalipsis 22:17).

CAPÍTULO 18

EL DOLOR DEL PROFETA

Luego Eliseo se quedó mirándolo fijamente, hasta que Jazael se sintió incómodo. Entonces el hombre de Dios se echó a llorar.

—¿Por qué llora mi señor? —le preguntó Jazael.

—Porque yo sé bien que vas a causarles mucho daño a los israelitas —respondió—. Vas a incendiar sus fortalezas, y a matar a sus jóvenes a filo de espada; despedazarás a los niños y les abrirás el vientre a las mujeres embarazadas.

Jazael exclamó:

—¡Qué es este servidor de usted sino un pobre perro! ¿Cómo es posible que haga tal cosa?

Entonces Eliseo le declaró:

—El Señor me ha revelado que vas a ser rey de Siria.

Jazael se despidió de Eliseo y regresó para presentarse ante su rey. Cuando Ben Adad le preguntó qué le había dicho Eliseo, Jazael le respondió:

—Me dijo que usted sobrevivirá a su enfermedad.

Pero al día siguiente tomó una colcha y, empapándola en agua, le tapó la cara al rey hasta asfixiarlo. Así fue como Jazael usurpó el trono.

—2 Reyes 8:11-15

El dolor que siento ahora es la felicidad que tenía antes. Ese es el trato.

—C. S. Lewis (1898-1963)

¿Quieres una doble unción? ¿Estás seguro? Eso fue lo que Eliseo deseaba con tanto fervor y lo consiguió. Pero ahora veamos más allá del dolor del profeta. Cuanto mayor es la unción, mayor es el sufrimiento.

El dolor del profeta consiste en muchas cosas. Ser mal entendido. Que la gente te culpe cuando se enoja contra Dios. Que te importunen por "una palabra profética". Eso es lo que veremos en esta sección. El rey de Siria estaba enfermo y quería una palabra de Eliseo. Pero en este capítulo, vemos aún más dolor que el que experimenta el profeta. Él ve cosas espantosas, horribles y dolorosas que yacen en el futuro. Eliseo gime porque ve lo que viene en el camino: que el enemigo hará cosas inconcebiblemente malas. Eso es parte del asunto. Cuando el manto de Elías cayó sobre Eliseo, sin duda se sintió muy feliz, el más feliz de los mortales. Pero parte de lo que incluye la doble unción es ver el dolor y el sufrimiento que otras personas no captan.

El pasaje completo dice lo siguiente:

> Luego Eliseo se fue a Damasco. Ben Adad, rey de Siria, estaba enfermo y, cuando le avisaron que el hombre de Dios había llegado, le ordenó a Jazael: "Llévale un regalo al hombre de Dios. Cuando lo veas, consulta al Señor por medio de él para saber si me voy a recuperar de esta enfermedad".
>
> Jazael fue a ver a Eliseo, y como regalo le llevó de las mejores mercancías de Damasco, cargadas en cuarenta camellos. Cuando llegó, se presentó ante él y le dijo:
>
> —Ben Adad, rey de Siria, su servidor, me ha enviado para preguntarle si él se va a recuperar de su enfermedad.
>
> Eliseo respondió:
>
> —Ve y dile que sobrevivirá a esa enfermedad, aunque el Señor me ha revelado que de todos modos va a morir.

Luego Eliseo se quedó mirándolo fijamente, hasta que Jazael se sintió incómodo. Entonces el hombre de Dios se echó a llorar.

—¿Por qué llora mi señor? —le preguntó Jazael.

—Porque yo sé bien que vas a causarles mucho daño a los israelitas —respondió—. Vas a incendiar sus fortalezas, y a matar a sus jóvenes a filo de espada; despedazarás a los niños y les abrirás el vientre a las mujeres embarazadas.

Jazael exclamó:

—¡Qué es este servidor de usted sino un pobre perro! ¿Cómo es posible que haga tal cosa?

Entonces Eliseo le declaró:

—El SEÑOR me ha revelado que vas a ser rey de Siria.

Jazael se despidió de Eliseo y regresó para presentarse ante su rey. Cuando Ben Adad le preguntó qué le había dicho Eliseo, Jazael le respondió:

—Me dijo que usted sobrevivirá a su enfermedad.

Pero al día siguiente tomó una colcha y, empapándola en agua, le tapó la cara al rey hasta asfixiarlo. Así fue como Jazael usurpó el trono.

—2 Reyes 8:7-15

¿Te sorprende que Eliseo le dijera a Jazael, el próximo rey de Siria: "Ve y dile [a Ben Adad] que sobrevivirá a esa enfermedad, aunque el Señor me ha revelado que de todos modos va a morir"? ¿Es Eliseo culpable de decir una mentira? ¿Pecó el hombre de Dios al decirle a Jazael que mintiera? ¿Qué le importaba a Eliseo profetizarle al enemigo de Israel?

Cuando Eliseo le dijo a Jazael que el rey de Siria moriría, miró al mismo hombre que sabía que lo mataría. Por eso lloró Eliseo. El dolor fue terrible para el profeta. Jazael no perdió tiempo en asesinar a Ben Adad para convertirse en el próximo rey. Eliseo vio venir eso.

Te diría, querido lector, que si eres de los que piensan que quieren una doble unción, que lo pienses de nuevo. No todo es glamour y admiración de la gente.

Un abogado acudió a mi oficina de la Capilla de Westminster para decirme: "Creo que estoy llamado a predicar". A lo que respondí: "Le sugiero que pruebe acompañándonos en las calles, este sábado, cuando hablemos con los transeúntes acerca de Jesús". Él hombre me contestó: "No soy bueno para hablar con una persona, pero puedo hacerlo hábilmente con miles". No le agradó mi sugerencia. Se visualizaba en el púlpito como si fuera un lugar privilegiado en el que sería admirado. Es por eso que Charles Spurgeon advirtió lo siguiente: "Asegúrate de que seas llamado antes de decir que quieres ser predicador. *Si puedes hacer otra cosa, hazla*".

¿Por qué iría Eliseo a Damasco? Es posible que él mismo no supiera por qué hasta que llegó allí. Entonces se enteró. Dios dejó que Eliseo supiera secretos dolorosos que pertenecían a Israel.

Vivimos en un mundo perverso. No es cada vez mejor, todo lo contrario, cada vez es peor. Pablo dijo que, en los últimos días "esos malvados embaucadores irán de mal en peor, engañando y siendo engañados" (2 Timoteo 3:13).

No creas las tonterías difundidas por algunos, en la actualidad, que quieren que pienses que las cosas en el mundo están mejorando cada vez más. No, no es así.

CAPÍTULO 19

LA OBEDIENCIA EN LAS COSAS PEQUEÑAS

Un día, el profeta Eliseo llamó a un miembro de la comunidad de los profetas. "Arréglate la ropa para viajar —le ordenó—. Toma este frasco de aceite y ve a Ramot de Galaad. Cuando llegues, busca a Jehú, hijo de Josafat y nieto de Nimsi. Ve adonde esté, apártalo de sus compañeros y llévalo a un cuarto. Toma entonces el frasco, derrama el aceite sobre su cabeza y declárale: Así dice el Señor: 'Ahora te unjo como rey de Israel'. Luego abre la puerta y huye; ¡no te detengas!".

—2 Reyes 9:1-3

Muchos de nosotros estamos dispuestos a hacer grandes cosas para el Señor, pero pocos lo estamos para hacer las pequeñas.

—Dwight L. Moody (1837-1899)

Eliseo está envejeciendo y decide pedirle a uno de los cien hijos de los profetas que haga lo que él haría en condiciones normales. Este es el primer indicio de que Eliseo, sucesor de Elías —que no murió, sino que fue transportado al cielo—, podría fallecer de muerte natural. No tenemos forma de saber si Eliseo esperaba en secreto que su doble unción pudiera incluir ser llevado al cielo como lo fue Elías. Tal vez sí tal vez no.

Nos preguntamos qué pasaría con esos cien hijos de los profetas. Esta es la primera pista de que Dios los usaría. Eliseo escoge a uno de ellos para que lo sustituya. ¡Qué honroso es eso!

Un día, el profeta Eliseo llamó a un miembro de la comunidad de los profetas. "Arréglate la ropa para viajar —le ordenó—. Toma este frasco de aceite y ve a Ramot de Galaad. Cuando llegues, busca a Jehú, hijo de Josafat y nieto de Nimsi. Ve adonde esté, apártalo de sus compañeros y llévalo a un cuarto. Toma entonces el frasco, derrama el aceite sobre su cabeza y decláxrale: Así dice el Señor: 'Ahora te unjo como rey de Israel'. Luego abre la puerta y huye; ¡no te detengas!".

Acto seguido, el joven profeta se fue a Ramot de Galaad. Cuando llegó, encontró reunidos a los capitanes del ejército y les dijo:

—Tengo un mensaje para el capitán.

—¿Para cuál de todos nosotros? —preguntó Jehú.

—Para usted, mi capitán —respondió.

Jehú se levantó y entró en la casa. Entonces el profeta lo ungió con el aceite y declaró:

"Así dice el Señor, Dios de Israel: 'Ahora te unjo como rey sobre mi pueblo Israel. Destruirás a la familia de Acab, tu señor, y así me vengaré de la sangre de mis siervos los profetas; castigando a Jezabel, vengaré la sangre de todos mis siervos. Toda la familia de Acab perecerá, pues de sus descendientes en Israel exterminaré hasta el último varón, esclavo o libre. Haré con ellos lo mismo que hice con la familia de Jeroboán hijo de Nabat y con la familia de Basá hijo de Ahías. Y en cuanto a Jezabel, los perros se la comerán en el campo de Jezrel, y nadie le dará sepultura'".

Acto seguido, el profeta abrió la puerta y huyó. Cuando Jehú salió para volver a reunirse con los capitanes, uno de ellos le preguntó:

—¿Todo bien? ¿Qué quería ese loco?

—Ustedes ya lo conocen —respondió—, y saben cómo habla.

—¡Pamplinas! —replicaron—. Dinos la verdad.

Jehú admitió:

—Esto es lo que me declaró, palabra por palabra: "Así dice el SEÑOR: 'Ahora te unjo como rey de Israel'".

Dicho esto, todos se apresuraron a tender sus mantos sobre los escalones, a los pies de Jehú. Luego tocaron la trompeta y gritaron: "¡Viva el rey Jehú!".

—2 Reyes 9:1-13

Una vez reemplacé al Dr. Martyn Lloyd-Jones, predicando por él en Bedford, Inglaterra. Nadie anunció que él no estaría presente. Por eso temí enfrentarme a las personas que querían escucharlo. Sin embargo, fue un gran honor que el doctor me pidiera que ocupara su lugar.

Podemos preguntarnos: ¿Qué pasaría si el elegido para ungir a Jehú nunca volviera a hacer nada por Eliseo ni cualquier otra asignación? Respuesta: *¡fue un honor hacerlo una vez!* Hablaría de eso por el resto de su vida, diciéndoles a sus hijos y nietos: "Una vez tomé el lugar de Eliseo".

Jesús dijo: "El que es fiel en lo muy poco, también en lo más es fiel" (Lucas 16:10 RVR1960). Es un gran honor hacer cualquier cosa que el Señor nos diga que hagamos. Y no olvides: ese siervo desconocido de Eliseo estaba ungiendo a un rey israelita, no era un asunto menor. Como solíamos cantar: "¡Poco es mucho cuando Dios está en el asunto!".

CAPÍTULO 20

EL LEGADO DE UN PROFETA

Después de esto, Eliseo murió y fue sepultado.

Cada año, bandas de guerrilleros moabitas invadían el país. En cierta ocasión, unos israelitas iban a enterrar a un muerto, pero de pronto vieron a esas bandas y echaron el cadáver en la tumba de Eliseo. Cuando el cadáver tocó los huesos de Eliseo, ¡el hombre recobró la vida y se puso de pie!

—2 Reyes 13:20-21

He hablado con grandes hombres y no veo en qué se diferencian de los demás.

—Abraham Lincoln (1809-1865)

Eliseo aparentemente murió como un hombre infeliz. Su última oportunidad de influir en el futuro inmediato de Israel se vio frustrada por el hecho de que el rey no hizo lo que Eliseo esperaba que hiciera. Pero el rey no sabía lo que Eliseo deseaba. Eliseo quería que golpeara el suelo cinco o seis veces (en vez de tres). No creo que el rey hizo algo malo.

Veamos el pasaje a continuación:

Cuando Eliseo cayó enfermo de muerte, Joás, rey de Israel, fue a verlo. Echándose sobre él, lloró y exclamó:

—¡Padre mío, padre mío, carro y fuerza conductora de Israel!

Eliseo le dijo:

—Consigue un arco y varias flechas.

Joás así lo hizo. Luego Eliseo le dijo:

—Empuña el arco.

Cuando el rey empuñó el arco, Eliseo puso las manos sobre las del rey y le dijo:

—Abre la ventana que da hacia el oriente.

Joás la abrió, y Eliseo le ordenó:

—¡Dispara!

Así lo hizo. Entonces Eliseo declaró:

—¡Flecha victoriosa del SEÑOR! ¡Flecha victoriosa contra Siria! ¡Tú vas a derrotar a los sirios en Afec hasta acabar con ellos! Así que toma las flechas —añadió.

El rey las tomó, y Eliseo le ordenó:

—¡Golpea el suelo!

Joás golpeó el suelo tres veces, y se detuvo. Ante eso, el hombre de Dios se enojó y le dijo:

—Debiste haber golpeado el suelo cinco o seis veces; entonces habrías derrotado a los sirios hasta acabar con ellos. Pero ahora los derrotarás solo tres veces.

Después de esto, Eliseo murió y fue sepultado.

Cada año, bandas de guerrilleros moabitas invadían el país. En cierta ocasión, unos israelitas iban a enterrar a un muerto, pero de pronto vieron a esas bandas y echaron el cadáver en la tumba de Eliseo. Cuando el cadáver tocó los huesos de Eliseo, ¡el hombre recobró la vida y se puso de pie!

—2 Reyes 13:14-21

Sí, Eliseo tenía el doble de la unción de Elías. La pidió y la obtuvo. He meditado en hacer un estudio de si la unción de Eliseo podría haber sido el doble en *calidad* más que en cantidad. Algunos de los milagros de Eliseo son tan inimaginables que he pensado que tal vez tenía el doble de la calidad de la unción de Elías. Pero probablemente no sea así. Según los relatos de 1 Reyes y 2 Reyes, Eliseo logró *duplicar el número* de milagros de Elías. El último, incluso, fue después de la muerte de Eliseo.

Por lo tanto, calcularía la doble unción que tenía Eliseo en términos de cantidad. Sabemos que Eliseo era un hombre ambicioso; solo alguien así tendría la osadía de pedir el doble de la unción de Elías.

No obstante, Elías y Eliseo eran diferentes. Eliseo no tenía el carisma de Elías, su personalidad era más bien extravagante. Eliseo no se jactó de ser el "único" profeta que quedaba. La autocompasión de Elías: "No soy mejor que mis antepasados", cuestionándose acerca de su lugar en la historia (1 Reyes 19:4), no se reflejó en Eliseo. En cuanto a los cien profetas, existían en la época de Elías, pero se quedaron con Eliseo después de que el primero fue trasladado. Eliseo estaba dispuesto a ser "uno de los muchachos". No mostró temor como lo hizo Elías cuando Jezabel prometió ir tras él. Elías era como nosotros, como dice Santiago 5:17.

Los últimos pasajes con respecto a Eliseo muestran tres cosas: (1) estaba comenzando a serenarse, (2) no tuvo un final espectacular, y (3) tampoco tuvo un sucesor. Tal vez pensó que fuera uno de los cien hijos de los profetas. Pensar mucho en eso sería, creo, una especulación inútil.

Eliseo fue, en verdad, un gran hombre. Creo que su negativa a encontrarse con Naamán al principio mostró eso. No trató de impresionar al general sirio. Como dije también, el hecho de que Eliseo no se asegurara de que Naamán se enterara de la mentira de Guiezi expuso su grandeza. Eliseo sabía que Dios sabía la verdad, y eso le bastaba. Eso sin decir nada acerca de los otros milagros. Pero murió como un hombre decepcionado. No podemos estar seguros de lo que esperaba lograr que no alcanzó.

La verdad clara es que los dos eran hombres normales. Fue el Espíritu de Dios sobre ellos lo que los hizo grandes. Como señalé, Santiago quiere que todas las personas sepan que Elías, que sería recordado en la historia mucho más que Eliseo, ¡era un hombre común!

Aunque Eliseo hizo el doble de milagros, Elías fue el profeta que la gente recordaría. El Antiguo Testamento concluye con una referencia a Elías (Malaquías 4:5-6). Además, es Elías a quien menciona el ángel Gabriel cuando se le aparece a Zacarías (Lucas 1:17). Es Elías quien aparece con Moisés en el Monte de la Transfiguración (Mateo 17:3). En la cruz, la gente dijo acerca de Jesús: "Está llamando a Elías" (Marcos 15:35).

Eliseo fue prácticamente olvidado después de su muerte.

Eliseo no tuvo el espectacular regreso a casa que experimentó Elías, pero Dios afirmó a Eliseo de una manera muy hermosa. Un hombre muerto anónimo, que lanzaron a la tumba de Eliseo, de repente ¡volvió a la vida! Esa es una manera manifiesta de Dios mostrando su complacencia con Eliseo. Aunque este pudo haberse desilusionado, Dios estaba complacido; eso es lo que cuenta.

¿Qué ha pasado con respecto a los huesos de Eliseo y la resucitación de aquel hombre? El milagro de Eliseo, después de su muerte, es la base que algunos emplean para orar a los santos. Hay otros que se fundamentan en este caso para promover la idea de que "agarrar el manto", al visitar la tumba de algún siervo de Dios, es una forma válida para tratar de obtener la unción de una persona muerta. Los que hacen eso no obtienen nada bueno, aunque es posible que capten algo muy malo. En lo personal, temería más que un demonio me poseyera si practicara algo tan antibíblico.

Insisto, Eliseo pudo haber muerto desilusionado por no lograr todo lo que quiso. Sin embargo, recibió su "galardón" de parte de Dios en el momento de morir. El espíritu de Eliseo no estaba en la tumba; se le dio un cuerpo espiritual.

Dios dio su opinión para que todos la vieran: fue un hombre que agradó a Dios.

Si lees este libro con la esperanza de obtener una doble unción, lo entiendo. También me gustaría eso. Esa unción le ocurre a la gente común que no la merece, pero que está dispuesta a honrar a Dios por encima de la alabanza del hombre (Juan 5:44). Conozco a algunos que se preocupan por los aplausos y la opinión de los hombres. ¡La verdad es que eso no importará en absoluto! Es mejor obtener el aplauso y la opinión de Dios en cuanto a nosotros después que partamos de este mundo.

Por cierto, observa cómo termina 2 Reyes 13: "En tres ocasiones Joás logró derrotarlo [al rey de Siria], de modo que pudo recuperar las ciudades de Israel" (v. 25). Tal como lo predijo Eliseo.

Es posible que Eliseo no haya sido transportado al cielo como Elías. Pero yo, particularmente, agradecería recibir el elogio de Dios como Eliseo. Ese es un final bastante bueno, si me preguntas.

NOTAS

INTRODUCCIÓN
1. William Carey, BrainyQuote, consultado 8 de noviembre de 2021, https://www.brainyquote.com.
2. Joel Killion, "Respectability vs. the Anointing— Paul Cain (Mayo 1991)," Fair Haven, 18 de mayo de 2015, https://joelkillion.com.

CAPÍTULO 1
1. Bible Tools, s.v. "chrio," consultado 8 de noviembre de 2021, www.bibletools.org.

CAPÍTULO 2
1. Bible Study Tools, s.v. "telos," consultado 9 de noviembre de 2021, www.biblestudytools.com.
2. Martyn Lloyd-Jones, AZ Quotes, consultado 9 de noviembre de 2021, www.azquotes.com.

CAPÍTULO 3
1. Amelia Hull, "Life for a Look," Hymnary.org, consultado 12 de noviembre de 2021, https://hymnary.org.
2. J. Hart, "Come Ye Sinners, Poor and Needy," Hymnary.org, 1759, https://hymnary.org.

CAPÍTULO 4
1. Martin Luther, AZ Quotes, consultado 16 de noviembre de 2021, www.azquotes.com.

CAPÍTULO 6
1. Tony Hart, "Being Grateful Is Healthy," Mayo Clinic Connect, consultado 9 de noviembre de 2016, https:// connect.mayoclinic. org.

CAPÍTULO 16
1. Lexico, s.v. "siege," consultado 1 de febrero de 2022, www.lexico. com.

R. T. KENDALL

40 días con el ESPÍRITU SANTO
Una travesía para experimentar su presencia en una manera fresca y nueva
R. T. KENDALL
AUTOR DEL ÉXITO DE VENTAS *Perdón Total*

LECCIONES QUE APRENDER de ELISEO
LA UNCIÓN DE ELISEO
R. T. KENDALL
Autor del bestseller *Perdón total*

PRÓLOGO POR MARK DRISCOLL
Verdad, poder, y el próximo gran mover de Dios
LA PALABRA Y EL ESPÍRITU
R.T. KENDALL
Autor del éxito de ventas *Perdón total*

AL AUTOR DE LOS ÉXITOS DE VENTAS PERDÓN TOTAL Y FUEGO SANTO
R.T. KENDALL
MÁS de DIOS
BUSQUE AL BENEFACTOR, NO SOLO LOS BENEFICIOS

Nunca antes pasamos por este CAMINO
Confía en Dios en todo tiempo
R. T. KENDALL
AUTOR DEL ÉXITO DE VENTAS *Perdón total*

LA PRESENCIA DE DIOS
Descubra los caminos de Dios a través de la intimidad con Él
R. T. KENDALL
AUTOR DEL ÉXITO DE VENTAS *Fuego Santo*

MEDICINA PARA EL ALMA... *NECESITO ESTE LIBRO.*
— BILL JOHNSON
BETHEL CHURCH, REDDING, CALIFORNIA
¿QUÉ PASÓ CON EL EVANGELIO?
REDESCUBRA LO MÁS IMPORTANTE
R. T. KENDALL
AUTOR DEL ÉXITO DE VENTAS *Perdón Total*

R.T. KENDALL
Autor del éxito de ventas *Perdón Total*
FUEGO SANTO
UNA MIRADA EQUILIBRADA Y BÍBLICA A LA OBRA DEL ESPÍRITU SANTO EN NUESTRAS VIDAS
"UN LIBRO PARA LA HISTORIA"
—Tomado del prólogo por Jack Hayford

R. T. KENDALL

"Un camino a seguir para unir y avivar a los cristianos".
—DR. JACK GRAHAM

Conformemos nuestras palabras
a la Palabra de Dios

INTEGRIDAD
PROFÉTICA

R. T. KENDALL

Prólogo del DR. MICHAEL L. BROWN

Te invitamos a que visites nuestra página web, donde podrás apreciar la pasión por la publicación de libros y Biblias:

www.casacreacion.com

f @CASACREACION

@CASACREACION

@CASACREACION

Para vivir la Palabra